우주백과

신비한 우리아이 상상력을 키워주는

감수 · 류정주(건국대학교 항공우주정보시스템공학과 교수)
서울대학교 공과대학 항공공학과를 졸업하였습니다. 미국 메릴랜드대학교에서 항공우주공학으로
공학박사학위를 받고, 같은 대학교에서 연구 교수로 재직하였습니다.
전라남도 고흥군 나로우주센터 센터장, 한국항공우주연구원 부회장, 한국항공우주학회 회장을 역임하였으며,
2007년 과학기술 발전의 공로를 인정받아 과학기술훈장 웅비장을 수상하였습니다.

지음 · 노지영
KBS와 EBS 어린이 프로그램 작가로 활동하다가 지금은 어린이 책을 쓰고 있습니다. 그동안 지은 책으로는 《따뜻한 가치 동화》
《구석구석 놀라운 인체》《떴다 지식 탐험대》, 〈스토리텔링 과학〉 시리즈의 《미스터리 과학》《실험 과학》《탐정 과학》 등이 있습니다.

그림 · 신혜영
2001년 '대원수퍼만화대상' 공모전에서 '이슈' 부문 가작으로 당선해 만화계에 들어섰습니다.
그 후 '이슈'에서 작품 활동을 하였으며, 펴낸 책으로는 《학교짱이 될 거야》《뱀파이어의 미스터리 실험 과학》〈퀴즈! 과학상식〉
시리즈의 《공포 미로 수학》《SOS 쓰레기 과학》《황당 직업》《황당 불량 과학》《황당 방송 과학》 등이 있습니다.

2025년 1월 20일 개정판 11쇄 펴냄

지음 · 노지영
그림 · 신혜영
감수 · 류정주(건국대학교 항공우주정보시스템공학과 교수)
사진 제공 · (주)유로포토서비스, NASA, 한국항공우주연구원, 한국천문연구원

펴낸이 · 이성호
펴낸곳 · (주)글송이

편집/디자인 · 임주용, 최영미, 오영인, 이강숙, 김시연
마케팅 · 이성갑, 윤정명, 이현정, 문현곤, 이동준
경영지원 · 최진수, 이인석, 진승현

출판 등록 · 2012년 8월 8일 제2012-000169호
주소 · 서울시 서초구 능안말1길 1 (내곡동)
전화 · 578-1560~1 **팩스** · 578-1562
이메일 · gsibook01@naver.com

ⓒ글송이, 2015

ISBN 979-11-7018-116-3 74400
      979-11-86472-78-1   (세트)

*이 책은 저작권법에 따라 보호받는 저작물입니다. 무단 전재와 무단 복제를 금지하며, 이 책의 내용이나
 사진의 전부 또는 일부를 이용하려면 반드시 (주)글송이와 사진 저작권자의 서면 동의를 받아야 합니다.

7~10세

신비한 우리아이 상상력을 키워 주는
우주백과

노지영 지음, 신혜영 그림
류정주 (건국대학교 항공우주정보시스템공학과 교수) 감수

난 갈릴레이! 드디어 지구가 돌고 있다는 사실을 밝혀냈어!

뿌지직

무슨 소리! 나 코페르니쿠스가 먼저 알아낸 사실이라고!

글송이

감수의 글

이제 우리나라도 우주 국가!

온 국민의 관심을 받으며 2009년 8월 25일 전라남도 고흥군 외나로도에 있는 나로우주센터에서 우리나라 최초의 우주발사체 '나로호'가 발사되었습니다. 나로우주센터를 직접 건설한 나로서는 매우 흥분되고 감격스러운 순간이었습니다. 아쉽게도 이날 발사에는 실패했지만, 2013년 1월 30일에 드디어 나로호 발사에 성공합니다. 이는 우리나라가 우주센터와 발사체를 모두 갖춘 세계 11번째의 우주 독립국이 되었음을 의미합니다. 우주개발과 탐험에 관한 관심이 매우 높아진 때에 어린이들을 위하여 우주 및 천문상식과 과학 원리를 알기 쉽게 설명한 《우리 아이 상상력을 키워 주는 신비한 우주백과》의 출간을 반기는 바입니다. 이미 시작된 21세기는 우주를 지배하는 국가가 세계 최고 선진국이 될 것이라 하며, 미국, 유럽, 중국 등이 국가적인 차원에서 우주 개발 경쟁에 나서고 있습니다.
이러한 때에 우리의 희망인 어린이 여러분이 이 책을 밑거름 삼아 우주를 향한 꿈과 상상력을 길러 우리나라를 세계 다른 선진국보다 앞서가는 우주 국가로 만들어 나가길 바랍니다.

건국대학교 항공우주정보시스템공학과 교수 류 정 주

머리말

재밌게 풀어 보는 우주 호기심!

"어떻게 하면 나도 우주인이 될 수 있을까?"
우리나라 최초 우주인이 우주로 날아가는 모습은 아이들에게
우주인이 되고 싶다는 꿈을 안겨 주었지요.
"로켓이 어떻게 우주로 날아가지?"
나로호가 발사되는 순간 수많은 아이들의 머릿속에 똑같은 물음표가
떠올랐을 거예요. 우주는 이제 우리와 상관없는 먼 나라 이야기가 아니에요.
어느새 우리 생활 가까이로 성큼 다가와 있지요. 과학자와 다를 게 없는
아이들은 호기심 어린 눈빛으로 수많은 질문을 쏟아내고 있어요.
밤하늘, 별, 달, 지구, 우주정거장, 로켓, 외계인…….
너무 당연해서, 때론 무척 기발해서, 그리고 대답하기 다소 어려워서
어른들을 깜짝 놀라게 하는 아이들의 우주 호기심!
자, 미래 우주과학 꿈나무들, 모두 모이세요!
별처럼 쏟아지는 '왜?', 어떻게?', 정말?'에 답하는 신기하고 재미난
이야기들을 함께 풀어 보아요.

지은이 노지영

1. 우주가 궁금해요 · 13

우주는 어떻게 생겨났어요? · 14

우주는 얼마나 넓어요? · 16

지구는 우주 어디쯤에 있어요? · 18

옛날 사람들은 우주를 어떻게 생각했어요? · 20

태양이 돌아요, 지구가 돌아요? · 22

처음으로 우주에 간 사람은 누구예요? · 24

우주에 가면 몸무게가 달라져요? · 26

지구 아래쪽에 있는 사람은 왜 떨어지지 않아요? · 28

비행기를 타고 우주로 갈 수 있어요? · 30

우주에 떠돌던 바위가 왜 지구로 떨어져요? · 32

우주는 점점 커지고 있나요? · 34

우주에서도 식물이 자랄까요? · 36

우주에 검은 구멍이 있어요? · 38

우주에 왜 쓰레기가 떠다녀요? · 40

소행성 충돌 때문에 공룡이 사라졌어요? · 42

소행성과 지구가 또 부딪칠까요? · 44

유에프오(UFO)가 뭐예요? · 46

외계인이 정말 있어요? · 48

지구인이 외계인에게 보낸 메시지가 뭐예요? · 50

2. 신비로운 태양계 · 53

태양계가 뭐예요? · 54

항성, 행성, 위성은 어떻게 달라요? · 56

태양은 얼마나 커요? · 58

혜성은 왜 긴 꼬리가 있어요? · 60

태양은 얼마나 뜨거워요? · 62

태양열을 어떻게 에너지로 사용해요? · 64

태양이 사라지면 어떻게 돼요? · 66

태양에서 가장 가까운 행성은 뭐예요? · 68

태양계에서 가장 밝은 행성은 뭐예요? · 70

지구를 왜 푸르다고 해요? · 72

우리나라가 낮일 때 미국은 왜 밤이에요? · 74

같은 지구에 왜 더운 나라와 추운 나라가 있어요? · 76

달에는 왜 분화구가 있어요? · 78

처음으로 달에 간 사람은 누구예요? · 80

달에서는 왜 점프하면서 다녀요? · 82

달은 별도 아닌데 왜 빛이 나요? · 84

달은 왜 모양을 자주 바꿔요? · 86

작은 달이 어떻게 커다란 태양을 가려요? · 88

달이 숨바꼭질을 해요? · 90

화성은 왜 붉게 보여요? · 92

가장 높은 화산은 어느 행성에 있어요? · 94

화성 탐사 로봇은 어떻게 생겼어요? · 96

태양계에서 가장 큰 행성은 뭐예요? · 98

토성의 고리는 무엇으로 이루어져 있어요? · 100

토성이 물에 둥둥 뜬다고요? · 102

천왕성은 왜 누워서 태양 주위를 돌아요? · 104

태양에서 가장 먼 행성은 뭐예요? · 106

행성의 이름은 어떻게 지었어요? · 108

3. 반짝반짝 별 이야기 · 111

별은 어떻게 태어나요? · 112

낮에는 왜 별이 안 보여요? · 114

별의 밝기가 저마다 달라요? · 116

별은 왜 반짝거려요? · 118

별에도 색깔이 있어요? · 120

지구에서 가장 가까운 별은 뭐예요? · 122

별이 하늘에서 떨어져요? · 124

별도 친구를 사귈까요? · 126

은하가 뭐예요? · 128

밤하늘에 별빛 강물이 흘러요? · 130

별자리는 누가 만들었어요? · 132

별도 움직이나요? · 134

북극성을 보고 어떻게 방향을 알아요? · 136

오로라가 뭐예요? · 138

4. 신나는 우주 탐험 · 141

우주 개발은 어떻게 시작됐어요? · 142

인공위성은 어떤 일을 해요? · 144

우리나라도 인공위성이 있어요? · 146

천문대는 왜 산꼭대기에 있을까요? · 148

허블우주망원경은 얼마나 성능이 좋아요? · 150

로켓은 얼마나 빨라요? · 152

로켓은 누가 처음 만들었어요? · 154

우주왕복선은 왜 만들었어요? · 156
우주선 안은 어떻게 생겼어요? · 158
우주복은 왜 입어요? · 160
우주에서는 어떻게 얘기를 해요? · 162
우주에서는 왜 헤엄치듯 다녀요? · 164
국제우주정거장을 왜 만들었어요? · 166
우주선에서 화장실에 가고 싶으면 어떻게 해요? · 168
우주인은 어떤 음식을 먹어요? · 170
우주인은 어떻게 잠을 자요? · 172
우주에서도 샤워를 할 수 있어요? · 174
우주인들은 어떤 훈련을 받아요? · 176
나사는 어떤 일을 해요? · 178
우주센터는 왜 초원이나 섬에 세워요? · 180
우리나라 최초 우주 발사체는 뭐예요? · 182

1장
우주가 궁금해요

1장 · 우주가 궁금해요

우주는 어떻게 생겨났어요?

'콰콰쾅!'
아주 오랜 옛날, 아무것도 없는 어둠 속에서
우주의 탄생을 알리는 커다란 폭발음이 났어요.
과학자들도 왜 갑자기 폭발이 일어났는지
정확히 알지 못해요. 단지 먼지보다
작은 알갱이들이 모여 엄청 무겁고
뜨거워져서 한순간에 폭발했을 것이라고
생각할 뿐이에요. 이 폭발을 '빅뱅'이라고
불러요. 빅뱅이 일어나고도
오랜 세월이 지난 후에 지금의 우주가
만들어지게 되었답니다.

깜깜한 우주
우주가 까맣게 보이는 이유는 우주에 빛을 반사하는
물질이 없기 때문이에요. 우리가 사는 지구는 대기, 바다,
육지가 태양 빛을 반사하기 때문에 밝게 보이지요.

1장 · 우주가 궁금해요

우주는 얼마나 넓어요?

우주 끝까지 가 보면 알 수 있지 않느냐고요?
우주는 우리가 상상할 수도 없을 만큼 엄청 넓어요.
빛은 하도 빨라서 움직임을 우리 눈으로
볼 수 없을 정도인데, 이 빛의 속도로 태양계가 속한
은하에서 가장 가까운 은하에 가는 데도
2백만 년이나 걸리지요.

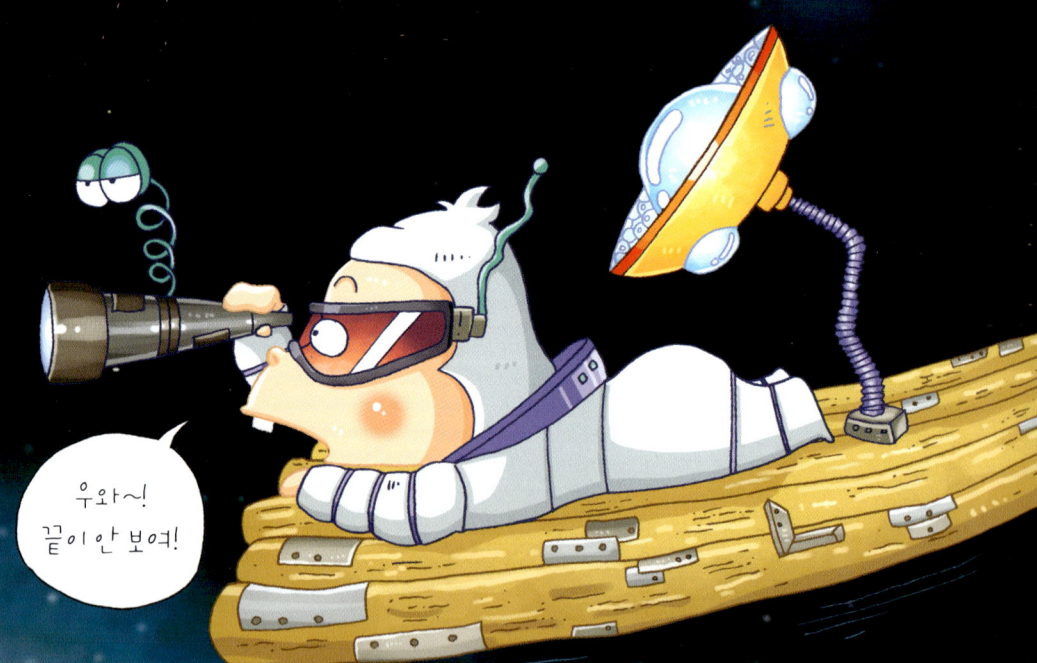

우와~!
끝이 안 보여!

가장 멀리 떨어져 있는 은하는
빛이 120억 년을 달려야
갈 수 있는 거리라고 해요.
우주는 우리의 상상을
뛰어넘을 만큼 넓고
크답니다.

정말 우주에 끝이 있기는 한 거야?

우주 나라, 은하 도시, 태양계 마을
우주를 나라라고 보면, 그 안에 여러 도시(은하)가 있고,
도시 안에 우리 마을(태양계)이 있지요. 우리 마을의
집들은 바로 태양계를 이루는 행성들이에요.

1장 · 우주가 궁금해요

지구는 우주 어디쯤에 있어요?

우주에 사는 별들이 무리 짓기 놀이를 해요.
"별들아, 모여라!"
순식간에 수많은 별들의 무리가 생겨났어요. 그 무리의 수가 무려 수천 억 개나 되지요. 이렇게 생겨난 별들의 무리를 '은하'라고 불러요. 우주는 수천 억 개나 되는 은하가 모여 이루어진 거예요.

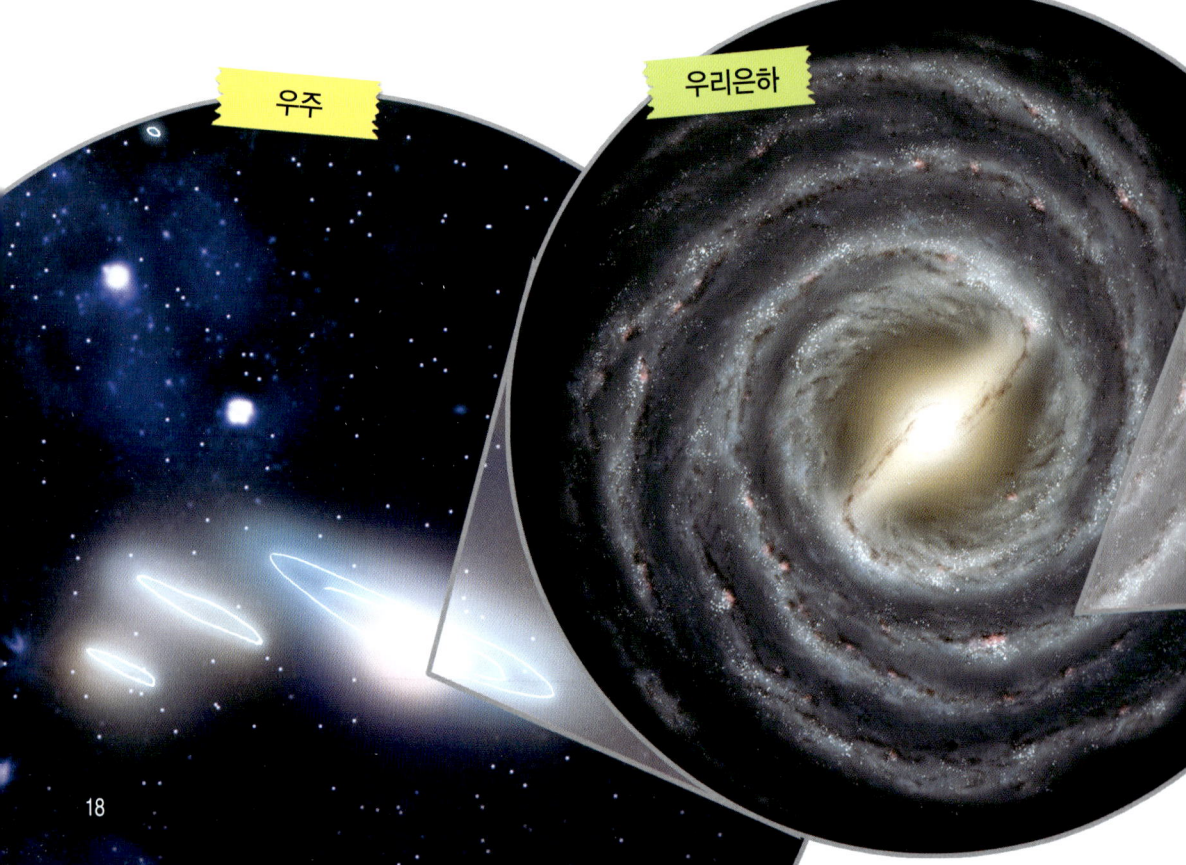

우주

우리은하

지구와 달

태양계

태양과 지구가 속한 별 무리를 '우리은하'라고 불러요. 우리은하 안에 태양과 태양 주변을 도는 8개의 행성 등을 태양계라고 하지요. 태양에서 세 번째에 있는 행성이 지구랍니다.

1장 · 우주가 궁금해요

옛날 사람들은 우주를 어떻게 생각했어요?

과학이 발달하지 않은 옛날에는 우주의 모습을 지금과 다르게 생각했어요. 고대 인도 사람들은 둥글게 몸을 만 뱀이 하늘을 이루고, 코끼리와 거북이 각각 땅과 지옥을 떠받치고 있다고 생각했어요. 수메르 사람들은 둥근 천장이 하늘을 덮고, 천장과 땅 사이에 태양과 달, 별들이 가득 차 있는데, 모두 신이 지배한다고 생각했지요. 고대 그리스 사람들은 물 위에 땅이 떠 있다고 생각했어요.

> **우리 조상들의 앞선 우주 관측**
> 우리나라 사람들은 오래전부터 우주에 관심이 많았어요. 5000년 전인 석기 시대부터 동굴 벽이나 돌무덤에 동서남북을 표시했고, 별자리를 새기는 등 서양보다 앞서 우주를 관측하고 연구했답니다.

태양이 돌아요, 지구가 돌아요?

"지구가 돌고 있다면 왜 사람들이 못 느끼지?"
"해가 동쪽에서 떠서 서쪽으로 지는 걸 보면 태양이 지구 주위를 도는 게 분명해!"

옛날 사람들은 지구는 가만히 있고 태양과 달, 여러 행성들이 지구 주위를 돌고 있다고 생각했어요.

1장 · 우주가 궁금해요

피융

처음으로 우주에 간 사람은 누구예요?

우주에 제일 처음 간 사람은 러시아 우주 비행사인 유리 가가린이에요. 하지만 그보다 먼저 우주에 간 동물은 라이카라는 이름의 개예요.
라이카는 러시아에 살던 떠돌이 개예요. 우주 여행을 위해 힘겨운 훈련을 받은 뒤 마침내 1957년에 우주로 가게 되었지요.

▲유리 가가린 ⓒNASA

얼마 후 유리 가가린은 1961년 4월 12일, 보스토크 1호를 타고 우주로 나갔어요. 그러고는 지구 주위를 한 바퀴 돈 뒤 108분 만에 무사히 지구로 돌아왔답니다.

1장 · 우주가 궁금해요

우주에 가면 왜 몸무게가 달라져요?

몸무게가 30킬로그램 나가는 사람이 화성에 가서 몸무게를 재면 고작 10킬로그램밖에 안 나가요. 하지만 목성으로 가서 몸무게를 재면 무려 75킬로그램이 넘지요. 이렇게 행성마다 몸무게를 재면 제각각인 이유는 행성마다 물건을 잡아당기는 힘이 달라서 그렇답니다. 그 힘을 중력이라고 부르지요.

오잉? 화성에서는 내 몸무게가 아기 몸무게만큼 줄었어! 어떻게 된 거지?

1장 · 우주가 궁금해요

지구 아래쪽에 있는 사람은 왜 떨어지지 않아요?

잘 익은 사과는 시간이 지나면 땅으로 떨어져요.
손에 들고 있던 물건을 놓았을 때도,
하늘로 둥둥 뜨지 않고 아래로 뚝 떨어지지요.
지구 안쪽에서 잡아당기는 힘이 세서 그래요.
지구의 중력 말이에요.

둥근 지구에서 아래나 양옆에 사는 사람들이 떨어지지 않는 것도 중력이 지구 어디에든 미치기 때문이에요. 중력은 지구에서 생명이 살 수 있게 해 주는 고마운 힘이랍니다.

비행기를 타고 우주로 갈 수 있어요?

'5, 4, 3, 2, 1, 0, 발사!'
로켓을 단 우주왕복선이 하늘 높이 쏘아 올려졌어요.
눈 깜짝할 사이에 일어난 일이지요. 이렇게 우주로
날아가려면 중력으로부터 벗어나야 해요. 지구 중심으로
잡아당기는 힘인 중력은 힘이 세요. 이 힘을 이기고 우주로
나아가려면 더 세고 빠른 힘이 있어야 하지요.
그런데 비행기는 중력을 이길 만큼의 센 힘과 빠른 속력을
내지 못해요. 과학자들은 중력을 이기고 우주로
나아갈 수 있는 빠른 로켓을 개발했어요.
로켓은 기차로 약 5시간 걸리는 거리를 1분 만에
날아갈 만큼 빠르답니다.

가장 빠른 비행기
가장 빠른 무인 비행기는 1초에 2,380미터를 날아가지요.
그렇지만 아무리 빠른 비행기라도 우주로는 나아갈 수 없지요.

▼우주왕복선

1장 · 우주가 궁금해요

우주에 떠돌던 바위가 왜 지구로 떨어져요?

우주에는 크고 작은 바윗덩어리가 떠돌아다녀요. 대부분 소행성(행성보다 작은 바윗덩어리)이나 혜성이 부딪치면서 떨어져 나온 조각들이지요. 자신만의 길을 따라 날아다니던 바윗덩어리가 지구 가까이 오면 중력에 이끌리게 돼요.

운석은 야구공이나 볼링공보다도 더 작아요. 가끔은 건물만 한 크기나 작은 자동차만 한 운석이 발견되기도 하지요.

이때 작은 돌덩어리는 타서 없어지지만
덩치가 큰 것은 다 타지 않고 땅으로 떨어지기도 해요.
이렇게 우주에서 지구로 떨어진 바윗덩어리를
'운석'이라고 한답니다.

얼마나 큰 운석이 떨어졌을지 상상이 되는군.

크기 좀 봐. 어마어마해!

▲미국 애리조나 운석 구덩이

1장 · 우주가 궁금해요

우주는 점점 커지고 있나요?

"우주는 지금도 계속 커지고 있어!"
어느 날 천문학자 허블이 망원경으로 하늘을 관측하다가 이렇게 말했어요. 은하와 은하 사이의 거리가 조금씩 멀어지는 것을 발견했거든요. 그래서 허블은 우주가 점점 커지고 있다고 주장했지요.

푸~! 풍선이 커질수록 점 사이가 멀어지는 게 보이지? 우주도 풍선처럼 점점 커지고 있다고.

우주가 점점 커진다는 사실은 실험을 통해 알 수 있어요. 바람을 조금 불어 넣은 풍선 위에 점을 여러 개 찍고 나서 다시 풍선을 불어 보세요. 풍선이 부풀수록 점과 점 사이의 거리가 멀어지는 것을 볼 수 있어요. 풍선에 찍은 점이 바로 은하예요. 은하와 은하 사이가 멀어지는 것도 우주가 점점 커지기 때문이에요.

알았으니까 그만 좀 불어! 풍선 터지겠다~!

1장 · 우주가 궁금해요

우주에서도 식물이 자랄까요?

우주에는 산소가 없어요. 그래서 공기 속의 산소를 마시고 사는 사람은 물론 식물도 살 수 없지요. 그런데 우주선과 우주정거장에서 식물을 키우는 실험에 성공했답니다. 과학자들이 우주정거장에 작은 온실을 마련했기 때문이에요. 빛을 쐬어 주고 물을 뿌리고 공기를 넣고 온도와 습도를 맞춰 식물이 자랄 수 있는 환경을 만들었지요. 그랬더니 식물이 싹을 틔우고 자라났답니다.

앞으로 우주 과학이
더 발달하면 다른 행성에 나무를
심게 될지도 몰라요.

우주에 검은 구멍이 있어요?

우주에 있는 거대한 구멍을 블랙홀이라고 불러요. '검은 구멍'이라는 뜻이지만, 실제로는 '알 수 없는 암흑의 공간'으로 보는 게 더 정확해요. 그러니까 정확히 관측할 수 없는 미지의 공간이라는 셈이지요. 블랙홀이 어떻게 생겨났는지 자세히 밝혀지지는 않았어요. 과학자들은 큰 별이 죽으면서 폭발할 때 만들어지는 것이라고 짐작하고 있어요. 블랙홀은 상상할 수 없을 정도로 빨아들이는 힘이 강해요. 무엇이든 가까이 가면 단번에 빨려 들어가 빠져나올 수 없다고 해요.

> **블랙홀을 관측하는 X선망원경**
> 블랙홀로 빠져 들어가는 가스들이 서로 부딪히면서 아주 강한 X선을 내요. 그래서 X선망원경으로 X선이 관측되면, 바로 그곳에 블랙홀이 있다는 것을 알 수 있지요.

1장 · 우주가 궁금해요

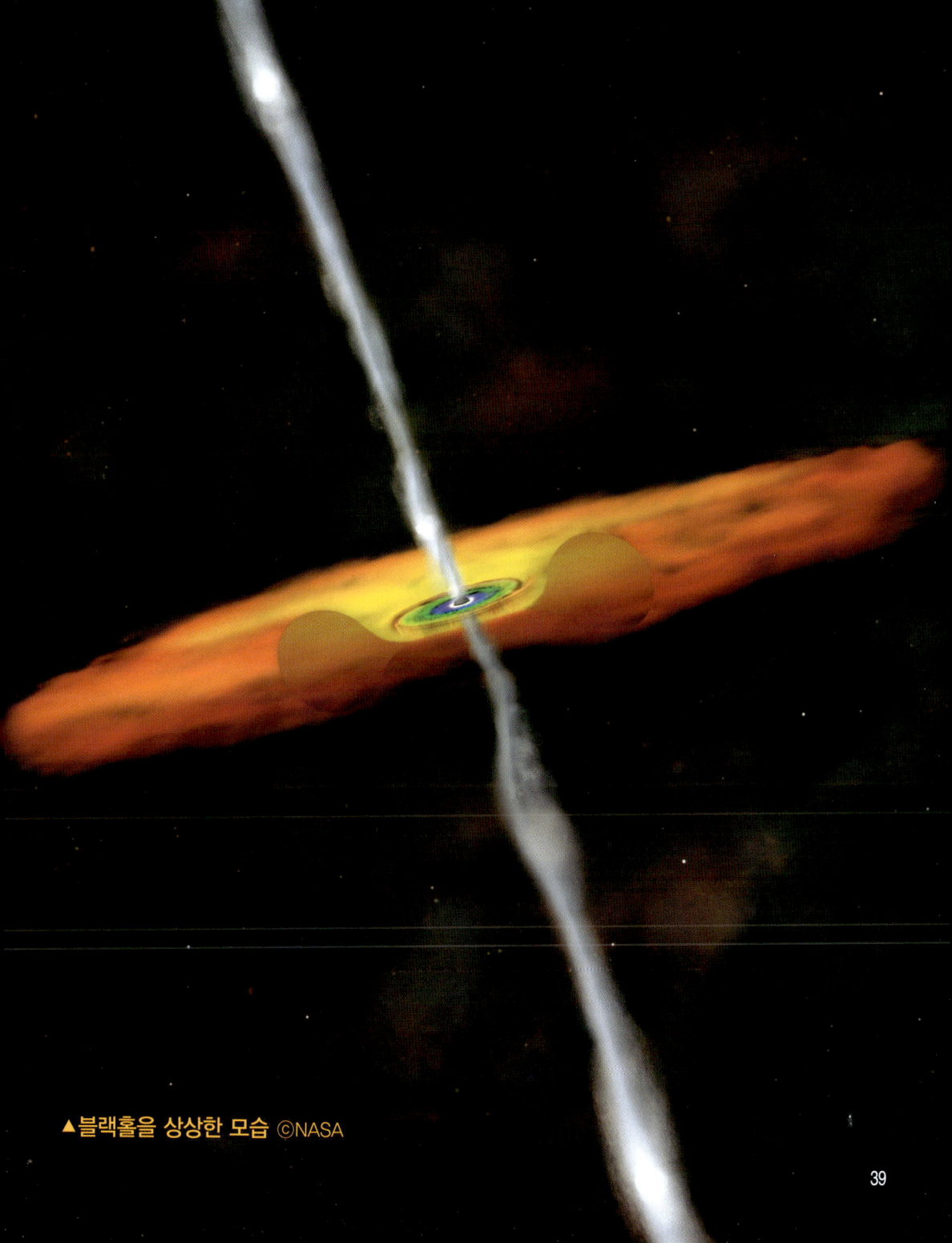

▲블랙홀을 상상한 모습 ©NASA

1장 · 우주가 궁금해요

우주에 왜 쓰레기가 떠다녀요?

세계는 지금 우주 쓰레기 때문에 골머리를 앓고 있어요. 지난 50년 동안 우주 개발을 하며 생긴 우주 쓰레기가 지구 주위를 떠돌고 있거든요. 우주 쓰레기는 고장 나거나 수명을 다한 인공위성, 로켓에서 떨어져 나온 조각들이 대부분이에요. 가끔 우주선에서 떨어져 나오거나 우주정거장에서 버려진 공구나 부품 같은 것도 있지요. 이렇게 버려진 우주 쓰레기가 인공위성과 부딪히거나 지구로 떨어지면 매우 위험하답니다.

▶우주 쓰레기
ⓒNASA

▲우주왕복선 엔진 ⓒNASA

1장 · 우주가 궁금해요

소행성 충돌 때문에 공룡이 사라졌어요?

공룡들이 한가롭게 먹이를 먹던 어느 날이었어요.
'우르르, 콰콰쾅, 쿵!'
갑자기 엄청난 소리와 함께 땅이 심하게 흔들렸지요.
우주에서 날아온 소행성이 지구로 떨어지면서 땅이
갈라지고 바닷물이 넘쳐났어요. 하늘은 먼지 구름으로
뒤덮여 아주 오랫동안 해를 가렸지요.
그러자 지구는 갑자기 추워졌고 식물과 동물이 죽어갔어요.
굶주리던 공룡들도 결국은 모두 죽고 말았답니다.
공룡이 멸종한 이유를 두고 여러 의견이 있는데
많은 과학자들이 소행성 충돌 때문이라고
주장하고 있어요.

▲소행성 충돌을 상상한 모습
ⓒNASA

소행성과 지구가 또 부딪쳐요?

화성과 목성 사이에는 수많은 바윗덩어리가 떠돌아다녀요. 소행성이라 불리는데, 과학자들은 소행성이 지구에 부딪칠 수도 있다고 생각했어요. 그래서 열심히 우주를 관찰하며 지구에 부딪칠지도 모르는 소행성들을 찾아보았지요. 그리고 최근에 이러한 결론을 내렸어요.

'지구에 가까이 다가오고 있는 소행성은 2천 개쯤 되고, 이 중 백여 개 정도가 지구와 충돌할 가능성이 있습니다.'

하지만 크게 걱정할 필요는 없어요. 소행성이 지구와 충돌하는 일은 수천만 년에 한 번 일어날 테니까요.

1장 · 우주가 궁금해요

유에프오(UFO)가 뭐예요?

유에프오는 '확인되지 않은 비행 물체'라는 뜻이에요.
많은 사람이 유에프오가 외계인들이 타고 온
우주선이라고 생각하고 있어요. 그래서 밤하늘의
특이한 불빛이나 이상한 비행 물체를 발견하면
유에프오라고 의심하지요. 세계 곳곳에서 유에프오를 보고
사진으로 남기는 사람도 종종 있어요.
그중에는 전문가가 확인하기 힘든 것도 있었지만,
대부분 관측을 위한 인공위성이나 비행기 조명으로
밝혀졌답니다.

외계인이 정말 있어요?

▲영화 〈ET〉 광고 포스터

영화 속에 나오는 외계인이 정말 있을까요? 가끔 외계인을 보았다고 주장하는 사람이 있어요. 하지만 확실하게 밝혀진 것은 없지요. 대신 많은 천문학자들은 넓고 넓은 우주 어딘가에 우리와 같은 생명체가 살고 있을 거라고 말해요. 그런데 왜 만날 수 없냐고요? 우주가 너무 넓어서 지구와 외계인이 사는 별 사이가 멀리 떨어져 있기 때문이라고 해요. 현재의 과학 기술로는 어렵지만, 아주 먼 미래에는 외계인을 만날 수 있을지도 모르지요.

1장 · 우주가 궁금해요

지구인이 외계인에게 보낸 메시지가 뭐예요?

"아아, 외계인은 들어라, 여기는 지구!"
1974년, 아레시보 관측소에서는 전파 망원경을
이용해 외계 생명체에게 '아레시보 메시지'를 보냈어요.
디지털 신호로 이루어져 있는 이 메시지에는
사람의 모습, 1~10까지의 수, 아레시보 전파
망원경의 모습 따위가 담겨 있지요.
하지만 답신을 받으려면
꽤 오랫동안 기다려야 해요.

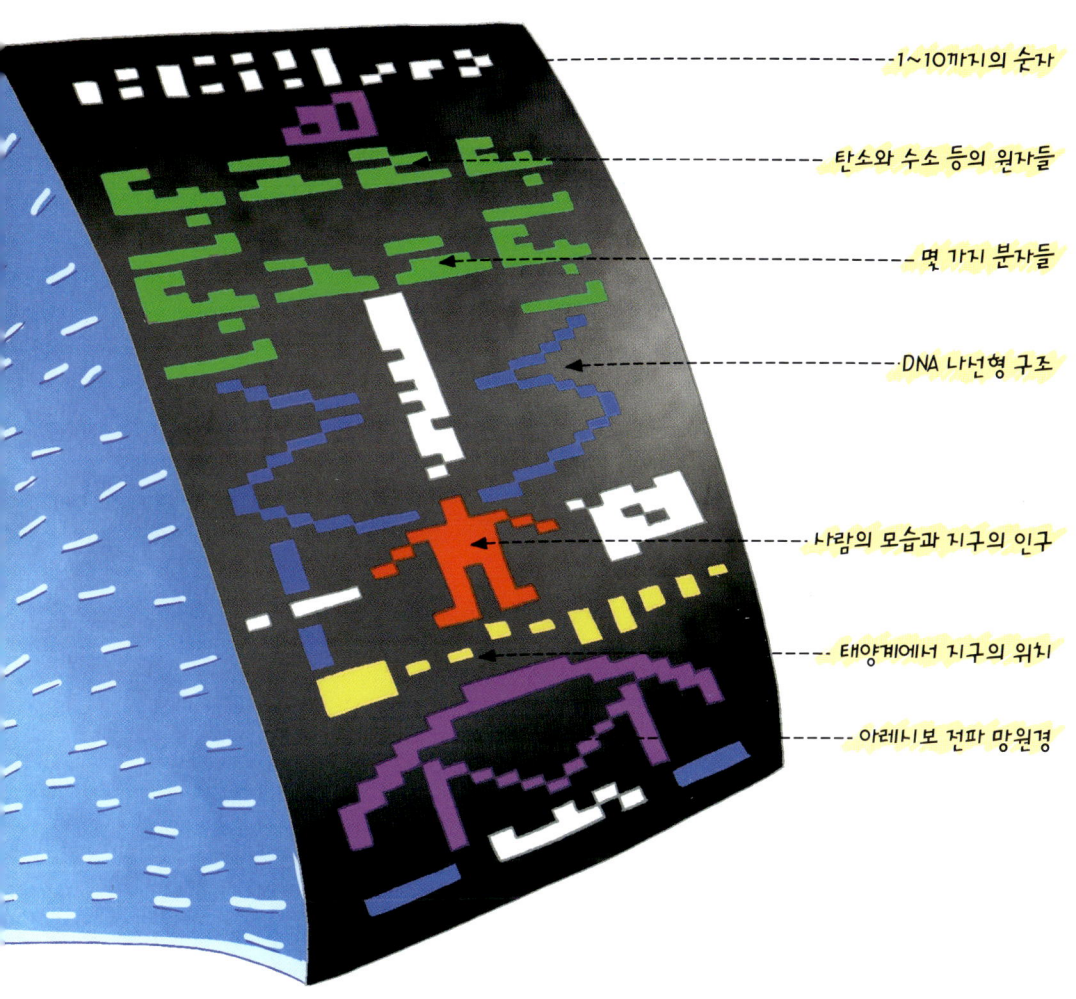

이 메시지가 M13이라는 구단성단에 도착하려면 빛의 속도로 2만 5천 년이나 걸리니까요. 그로부터 2만 5천 년이 지난 후에는 답신을 받을 수 있을까요?

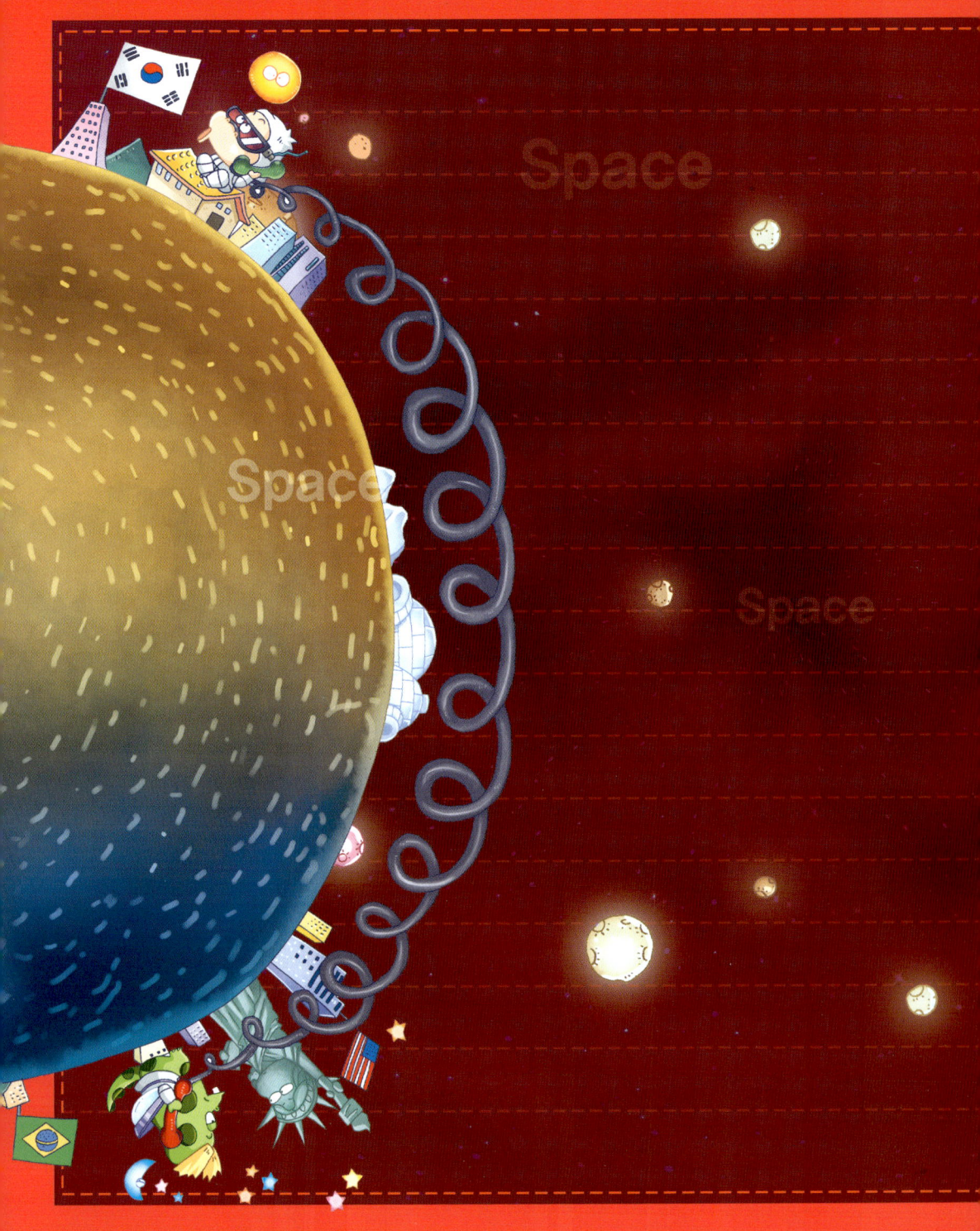

태양계가 뭐예요?

태양을 중심으로 그 주위를 도는 모든 물체를
태양계라고 불러요.
태양계에는 모두 8개의 행성이 있어요.
태양에서 가장 가까운 순서로 나열하면,
수성, 금성, 지구, 화성, 목성, 토성, 천왕성, 해왕성이지요.
이 중 가장 큰 행성은 태양으로부터
다섯 번째에 있는 목성이에요.
태양계에는 행성만 있는 게 아니에요.
소행성과 혜성, 유성 등도 태양계의 식구지요.

> 항성, 위성, 돌, 먼지 등 우주에 떠 있는 모든 물체를 **'천체'** 라고 해요.
> 소행성과 혜성, 유성은 태양계가 만들어질 때 행성이 되지 못한
> 천체들이에요.

2장 · 신비로운 태양계

▲태양계에 있는 행성들과 달

2장 · 신비로운 태양계

항성, 행성, 위성은 어떻게 달라요?

우주 책을 읽다 보면 항성, 행성, 위성……,
비슷한 이름들이 많이 나와서 헷갈려요.
항성은 태양을 떠올려요.
늘 한자리에 머물며 스스로 빛을 내는 천체예요.
행성은 지구를 떠올려요.
스스로 빛을 내지 못하고 항성인 태양 주위를 도는
천체예요. 위성은 달을 떠올리면 돼요.
움직이는 행성 주위를 도는 작은 천체이니까요.

태양은 얼마나 커요?

태양은 스스로 빛을 내기 때문에 별이에요.
별들을 크기 순서대로 줄 세우면 태양은 중간쯤에
있을 거예요. 하지만 지구에서 가장 가까이 있고
높은 온도에서 지글지글 타오르기 때문에
매우 크고 밝게 보인답니다. 우주에서는 태양이
중간 크기의 별이지만 태양계에서는 가장 큰 별이지요.
지구가 약 130만 개쯤 모여야 태양만 해진다니
정말 어마어마한 크기지요?

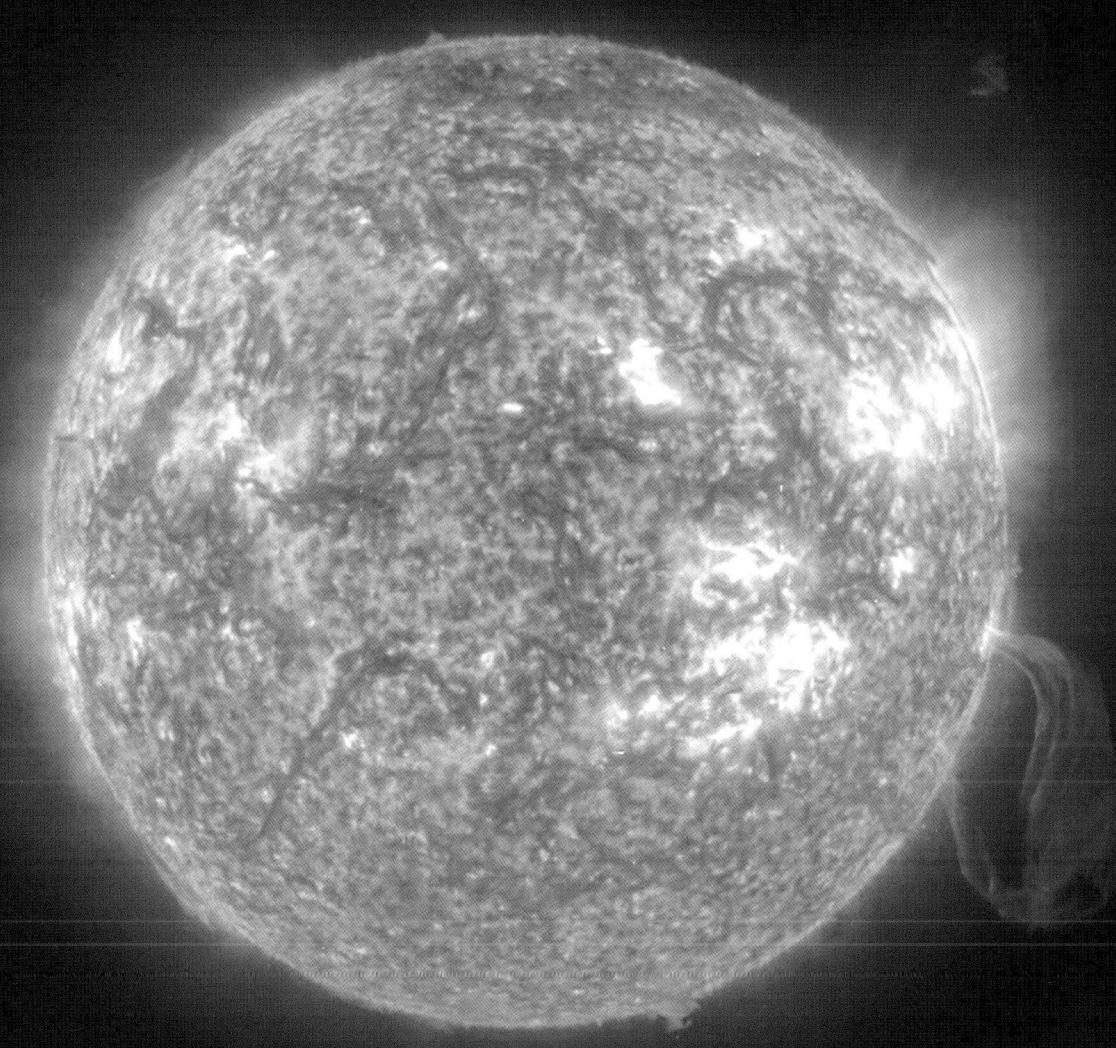

태양 Sun

반지름 약 695,000km
질   량 약 2×10^{33}g

특징 지구에서 가장 가까운 항성으로 고온의 기체 덩어리이다.

2장 · 신비로운 태양계

혜성은 왜 긴 꼬리가 있어요?

혜성은 태양 주위를 도는 작은 천체인데
긴 꼬리가 달린 게 특징이에요.
먼지와 얼음 조각으로 이루어진 혜성은
대부분의 시간을 태양계에서 가장 먼 곳,
가장자리를 돌며 보내요. 그러다가 어떤 것들은
갑자기 방향을 바꿔 태양에 바짝 다가가는
것들이 있어요. 태양에 가까워지면 얼음 조각이
녹아 가스로 변하면서 가스와 먼지가 길게 뻗어
긴 꼬리가 되지요. 혜성이 태양에서 멀어지면
꼬리도 짧아진답니다.

혜성을 잡아야 해!

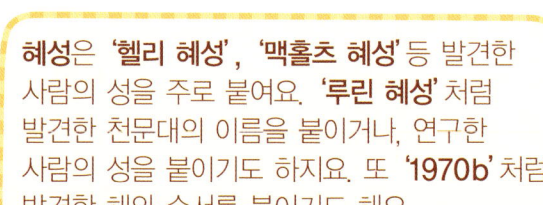

혜성은 '헬리 혜성', '맥홀츠 혜성' 등 발견한 사람의 성을 주로 붙여요. '루린 혜성'처럼 발견한 천문대의 이름을 붙이거나, 연구한 사람의 성을 붙이기도 하지요. 또 '1970b'처럼 발견한 해와 순서를 붙이기도 해요.

▼플레이아데스성단과 맥홀츠 혜성
ⓒ한국천문연구원

▼루린 혜성 ⓒ한국천문연구원

2장 · 신비로운 태양계

태양은 얼마나 뜨거워요?

태양은 거대한 가스 덩어리예요. 만약 우리가 우주선을 타고 태양 탐사를 떠날 수 있다고 해도 달이나 화성처럼 암석으로 이루어져 있지 않기 때문에 발을 딛고 내릴 수 없을 거예요. 물론 태양 가까이 가기도 전에 우주선이 녹을 테니, 태양 탐사는 어림도 없는 일이지요. 태양의 가장 겉인 표면 온도는 6천 도예요. 물이 100도에서 끓기 시작하니까, 펄펄 끓는 물보다 60배나 뜨거운 셈이지요.

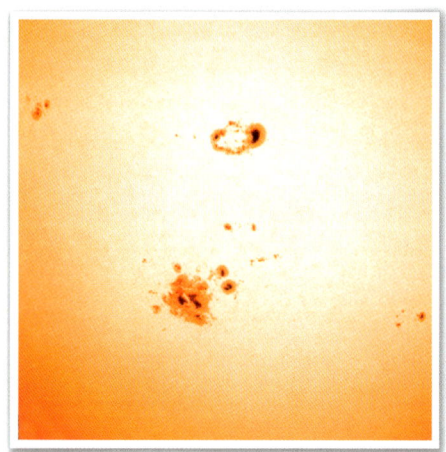

▲태양의 흑점 ⓒNASA

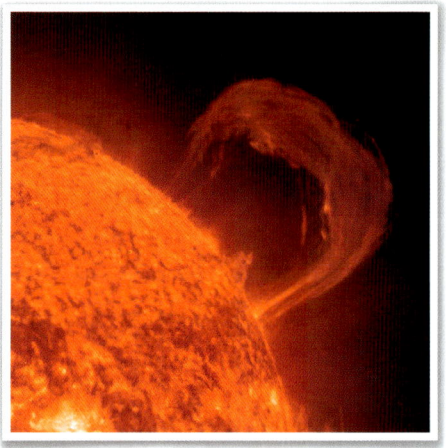

▲태양의 홍염 ⓒNASA

▼홍염을 내뿜는 태양

2장 · 신비로운 태양계

태양열을 어떻게 에너지로 사용해요?

태양은 오랜 세월 동안 지구로 빛과 열을 전해 주고 있어요. 덕분에 지구에는 식물이 자라고 동물이 살 수 있었지요.
"태양열을 다른 데 쓸 순 없을까?"
"태양열을 밤이나 장마철에도 쓸 순 없을까?"
사람들은 곰곰이 궁리한 끝에 태양열을 모으고 다른 에너지로 바꾸어 쓰기 시작했어요. 태양열 발전소나 건물에 태양열판을 달아 열을 모아요. 그리고 그 에너지로 건물과 물을 따뜻하게 데우고 냉장고를 켜게 되었지요.

지금 과학자들은 우주에 태양열 발전소를 세울 연구를 하고 있답니다.

▲태양열 발전소

2장 · 신비로운 태양계

태양이 사라지면 어떻게 돼요?

태양이 사라진다면 어떤 일이 일어날까요?
아마 늘 어두운 밤만 계속될 거예요. 밤이 계속되면
지구는 너무너무 추워져서 모든 게 꽁꽁 얼어붙게 되지요.
결국 식물도 동물도 사람들도 모두 사라져요.

다른 별들과 마찬가지로 태양도 언젠가는
빛을 잃게 돼요. 태양이 사라진다는 뜻이지요.
하지만 걱정 마세요. 앞으로 50억 년은
끄떡없이 열을 내며 빛날 테니까요.

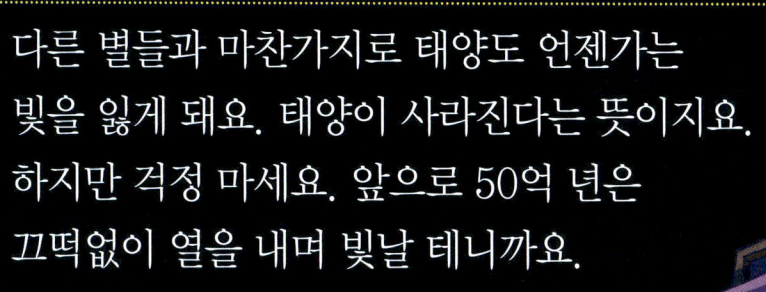

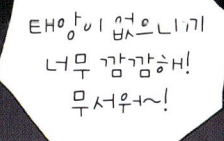

태양이 없으니까
너무 깜깜해!
무서워~!

태양에서 가장 가까운 행성은 뭐예요?

▲수성 표면 ⓒNASA

수성은 태양계에 있는 8개의 행성 가운데 태양과 가장 가까운 이웃이에요. 그래서 낮에는 400도 이상으로 온도가 치솟는다고 해요. 하지만 태양열을 붙잡아 둘 공기가 거의 없어서 밤에는 영하 200도 가까이 뚝뚝 떨어지지요. 공기가 없어서 소행성이나 혜성이 수성 표면에 자주 부딪혀 와요. 수성 표면에 달처럼 크고 작은 구덩이가 울퉁불퉁 난 것도 그 때문이지요.

수성은 태양과 가까워서 태양 주위를 한 바퀴 도는 데도 시간이 얼마 안 걸려요. 지구가 태양 주위를 도는 데는 365일이 걸리지만, 수성은 고작 88일밖에 안 걸린답니다.

수성 Mercury

반지름 약 2,439km 특징 태양에서 가장 가까운 행성으로
질 량 약 3.3×10^{23}g 표면에 운석구덩이가 많다.

2장 · 신비로운 태양계

금성 Venus

반지름 약 6,050km
질　량 지구의 약 0.815배

특징 지구와 크기가 비슷하며 태양계에서 가장 밝은 행성이다.

태양계에서 가장 밝은 행성은 뭐예요?

태양계에서 가장 밝은 행성은 금성이에요. 이른 새벽이나 해가 진 후에 잠깐 동안 볼 수도 있지요. 그래서 '샛별' 또는 '저녁별'이라고 불려요.

"저기 목동의 별이 떴군, 이제 집에 갈 시간이야."

새벽녘 목동이 양떼를 몰고 들판으로 나갈 때나 해 질 무렵 집으로 돌아올 때를 알려 주었어요. 그래서 금성에는 '목동의 별'이란 별명도 붙었답니다.

금성이 이렇게 밝게 빛나는 이유는 유황으로 이루어진 두터운 구름이 태양 빛을 황금빛으로 반사시키기 때문이에요.

▲금성 표면 ©NASA

> **가장 뜨거운 행성, 금성**
> 금성은 대부분 이산화탄소로 된 두꺼운 공기층에 감싸 있어요. 이 공기층이 태양열을 꽁꽁 붙잡아서 표면 온도가 480도나 된답니다.

2장 · 신비로운 태양계

지구를 왜 푸르다고 해요?

'지구는 푸른 빛이었다.'
1961년 4월, 최초로 우주에 나간 우주인
유리 가가린은 처음 지구를 보고 이렇게 말했어요.
지구가 푸르게 보이는 것은 지구 표면을 덮고 있는
많은 물 때문이에요. 지구는 30퍼센트만 땅이고
나머지 70퍼센트는 물로 덮여 있지요.
이렇게 많은 물 때문에 우주에서 보면
지구는 푸르게 보여요. 그래서 '푸른 별'이란
별명으로 불리게 되었답니다.

지구 겉은 땅보다 물이 훨씬 많아.

지구의 하나뿐인 자연위성, 달

지구 Earth

반지름 약 6,378km
질　량 약 5.97×10^{24}kg

특징 태양계에서 사람이 살고 있는 유일한 행성으로 대기층에 싸여 있다.

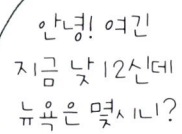

안녕! 여긴 지금 낮 12신데 뉴욕은 몇 시니?

우리나라가 낮일 때 미국은 왜 밤이에요?

미국에 사는 친구에게 낮 12시에 전화를 하면 "굿 나잇!" 하고 밤인사를 해야 해요. 우리가 환한 낮일 때 미국은 깜깜한 밤이거든요.

낮 12시

이렇게 차이가 나는 이유는 한국과 미국이 동그란 지구 반대편에 자리하고 있기 때문이에요. 그래서 지구가 하루에 한 번씩 빙그르르 돌 때 한국이 태양을 향해 있으면 미국은 태양을 등지게 되지요.

밤 10시

2장 · 신비로운 태양계

같은 지구에 왜 더운 나라와 추운 나라가 있어요?

추운 겨울, 교실 한가운데 활활 타오르는 난로가 있어요. 난로 가까이 앉은 친구들은 볼이 새빨갛게 달아올라 덥다고 웃옷을 벗어요. 하지만 난로로부터 가장 먼 교실 구석에 앉은 친구들은 손을 호호 불며 추워하지요.

같은 지구에 더운 나라와 추운 나라가 있는 것도 이와 같아요. 태양 빛을 강하게 받는 적도지방은 일 년 내내 더운 날씨를 보여요. 반대로 극지방(남극과 북극)은 적도지방에 비해 태양으로부터 멀리 떨어져 있어요. 태양 빛은 극지방까지 가는 동안 많이 약해지지요. 그래서 극지방은 일년 내내 추운 날씨를 보인답니다.

달에는 왜 분화구가 있어요?

2장 · 신비로운 태양계

"으악! 바위가 또 떨어진다!"
'쿵!'
우주를 떠도는 암석들은 시시때때로 달에 와 부딪치고는 커다란 구덩이를 만들어 놓아요. 이러한 암석을 운석이라고 하지요. 달 표면은 밝은 부분과 검은 부분들로 나뉘는데, 검게 보이는 곳들이 모두 운석 구덩이예요. 마치 화산이 폭발해 생긴 분화구처럼 보이지요.

지구는 공기층(대기)으로 둘러싸여 있어요. 운석은 거의 이 공기층을 지나면서 타 버리고 말지요. 어쩌다가 생긴 운석 구덩이도 지각운동이나 날씨 변화로 모습이 바뀌고 사라졌지요. 하지만 달에는 공기가 없어요. 운석이 그대로 떨어져 자국을 남기고 말지요. 또 지각운동이나 날씨 변화도 없어서 그 모습이 그대로 남는 거예요.

> **지각운동:** 지구 바깥쪽 땅덩어리의 모습이 변화하는 것. 흙이 쌓이고 바위가 깎이고 화산과 지진이 일어나는 것이 포함되며, 지각변동이라고도 한다.

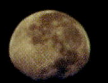

달 Moon

반지름 약 1,738km
질량 약 $7,352 \times 10^{25}$g

특징 지구를 돌고 있는 위성으로 표면에 운석 구덩이가 많다.

▲지구 대기층과 달 ⓒNASA

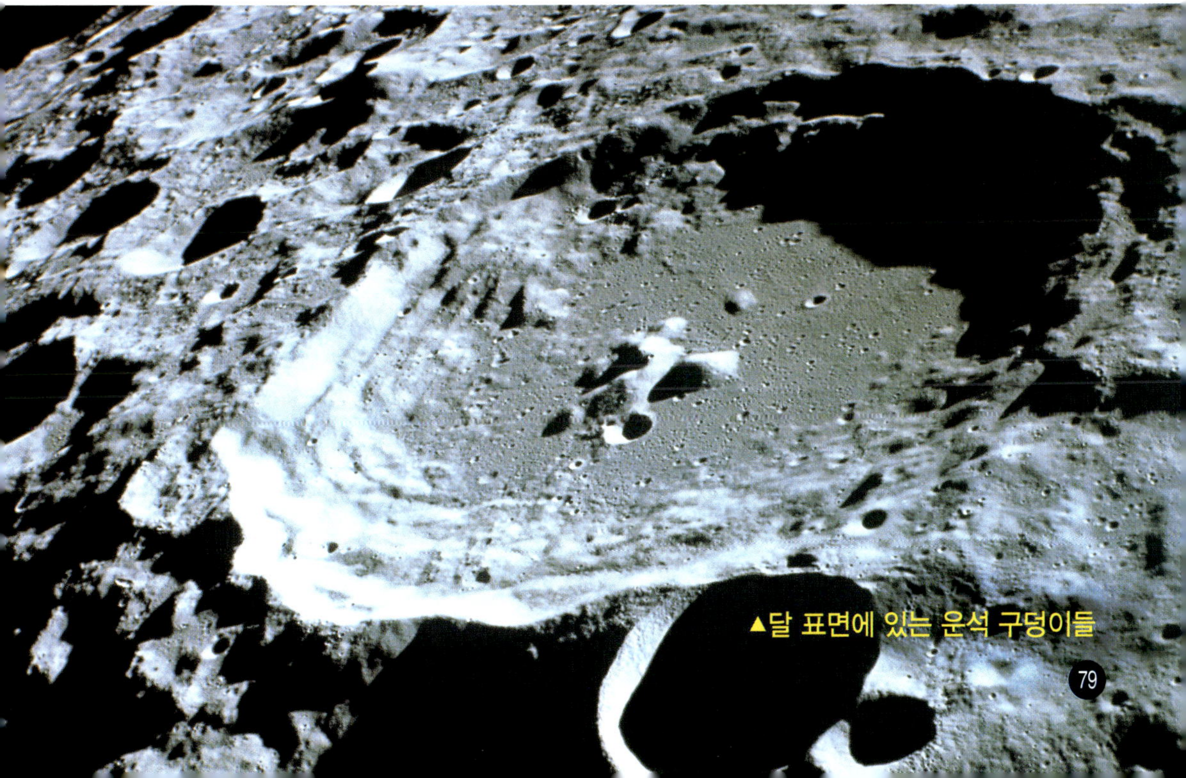

▲달 표면에 있는 운석 구덩이들

2장 · 신비로운 태양계

처음으로 달에 간 사람은 누구예요?

"이것은 한 사람의 작은 걸음이지만
인류를 위한 큰 도약(뛰어오름)이다."

닐 암스트롱이 달에 첫발을 내딛으며 한 말이에요.
1969년 7월 16일, 세 명의 우주인이 탄 우주선
아폴로 11호가 로켓에 실려 우주로 날아갔어요.
7월 20일, 아폴로 11호에서 분리된 달착륙선 이글 호가
무사히 착륙했지요. 그리고 아폴로 11호의 선장
닐 암스트롱이 달에 첫발을 내딛고 이글 호의 조종사인
버즈 올드윈이 내려섰답니다.

◀ **닐 암스트롱의 발자국**
세계 최초로 달에 착륙해 발자국을 남겼어요. ⓒNASA

아폴로 11호에는 사령선을 조종하는 마이클 콜린즈까지 모두 세 명의 우주인이 타고 있었어요. 두 사람이 달을 탐사하는 동안 콜린즈는 사령선을 지켰어요.

▼달 착륙 ⓒNASA

달에서는 왜 점프하면서 다녀요?

'어? 발에 스프링을 단 것 같군.'
닐 암스트롱이 달에 첫발을 내딛었을 때
속으로 이런 생각을 하지 않았을까요?
달의 중력은 지구의 6분의 1밖에 되지 않아요.
몸무게 48킬로그램인 사람이 달에 가면
겨우 8킬로그램이 되지요. 그러니까 중력이
약한 달에 가면 그만큼 몸이 가벼워지기 때문에
마치 공중을 떠다니듯 걷게 된답니다.

2장 · 신비로운 태양계

달은 별도 아닌데 왜 빛이 나요?

밤하늘의 달은 밤바다에 홀로 빛나는 등대 같아요.
어두운 밤길에 달빛이 없다면 등대가 켜지지
않은 밤바다처럼 정말 캄캄할 거예요.
그런데 달은 스스로 빛을 내는 게 아니랍니다.
달은 태양처럼 스스로 빛을 내지 못해요.
태양과 별들만이 빛을 내지요.
밤하늘에 달이 환하게 빛나 보이는 것은
달이 태양 빛을 받아 거울처럼 반사하기 때문이랍니다.

달빛이 너무 환해서 등대가 필요 없겠어.

2장 · 신비로운 태양계

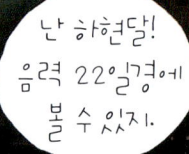

난 하현달! 음력 22일경에 볼 수 있지.

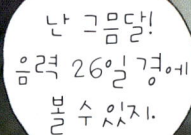

난 그믐달! 음력 26일경에 볼 수 있지.

달은 왜 모양을 자주 바꿔요?

난 묵은달!

초승달, 상현달, 보름달, 그믐달……. 달은 이름도 참 많아요. 그건 달이 시시때때로 모양을 바꾸기 때문에 모양에 따라 붙여진 이름들이지요. 달의 모양이 자주 바뀌는 것은 달에 비춰지는 태양 빛을 달의 모양으로 보기 때문이에요. 태양과 지구와 달의 위치는 시시각각 변해요.

난 새달!

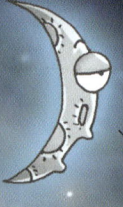

난 초승달! 음력 3일경에 볼 수 있지.

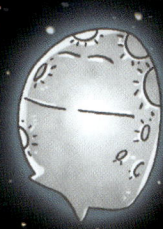
태양빛이 나를 점점 덜 비추고 있어.

우리가 보는 달의 한쪽 면에 태양 빛이 다 비추면 동그란 보름달이 돼요. 반만 비추면 상현달이나 하현달, 끝부분에 살짝 비추면 눈썹처럼 생긴 초승달이나 그믐달이 된답니다.

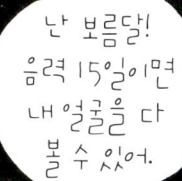
난 보름달! 음력 15일이면 내 얼굴을 다 볼 수 있어.

> 달은 음력 3일경에는 **초승달**, 7일경에는 **상현달**, 15일경에는 **보름달**, 22일경에는 **하현달**, 26일경에는 **그믐달**이 된답니다.

다시 보름달이 되기 직전이야.

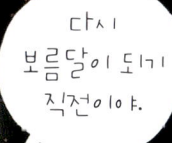
나는 상현달! 음력 7일경에 볼 수 있지.

작은 달이 어떻게 커다란 태양을 가려요?

2장 · 신비로운 태양계

400미터 정도 떨어진 곳에 있는 건물은 매우 작아 보여요. 실제로 아주 큰 건물이지만 멀리서 보면 내 손가락만 하지요. 그런데 내 바로 앞에 나보다 작은 친구가 서 있다면 건물은 완전히 가려지고 말아요. 비슷한 일이 지구와 달, 태양 사이에서 일어나요.

달은 지구 주위를 돌고 지구는 태양 주위를 돌아요.
그러다 보면 언젠가 세 친구가 '태양-달-지구'
순서로 똑바로 설 때가 있어요.

바로 그때 달이 태양을 가리는 일식이 나타난답니다. 달은 태양에 비하면 무척 작아요. 작은 달이 거다란 태양을 가릴 수 있는 것은 지구와 달의 거리보다 지구와 태양의 거리가 훨씬 멀어서랍니다.

▲개기일식 ⓒ한국천문연구원

2장 · 신비로운 태양계

앗! 달이 갑자기 사라졌다.

달이 숨바꼭질을 해요?

해마다 두어 번씩은 하늘에서 달을 삼키는 괴물이 나타나요. 그 괴물은 달의 한 부분, 혹은 달 전체를 꿀꺽 삼켜 버리지요. 그 괴물의 정체가 뭐냐고요? 바로 지구 그림자랍니다.

지구 그림자가 나타나 달을 삼켜 버릴 때는 '태양-지구-달' 순서로 한 줄로 설 때예요. 태양이 지구를 비출 때 생겨난 그림자 속으로 달이 '쏙' 하고 숨어 버리는 거예요. 그럼 우리 눈에는 달이 사라지는 것처럼 보이지요. 이러한 현상을 월식이라고 한답니다.

▲**부분월식** 지구 그림자 속으로 달 전체가 들어올 때는 개기월식, 일부만 들어올 때는 부분월식이라고 해요.
ⓒ한국천문연구원

2장 · 신비로운 태양계

화성은 왜 붉게 보여요?

'휘이익~.'
바람이 불자 붉은 빛깔 모래들이 공중으로 날아올랐어요.
곧이어 더 강한 모래 폭풍이 몰아치자 화성은 온통
분홍색 먼지로 휩싸였지요. 화성에서 폭풍이 몰아친
그 시각, 지구에서 화성을 관찰하면 화성은 붉게 보여요.
그래서 사람들은 화성을 '붉은 행성'이라 말하지요.
화성이 붉게 보이는 것은 흙에 산화철 성분이
많이 들어 있기 때문이에요. 산화철은 녹이 슨 쇠에
붙어 있는 붉은 쇳가루 같은 거예요.

빨간 선글라스 때문에 붉게 보이나?

화성 Mars

반지름 약 3,390km
질량 지구의 약 0.107배
특징 붉은 빛을 띠고, 거대한 화산과 깊은 계곡이 있다.

가장 높은 화산은 어느 행성에 있어요?

태양계에서 가장 높은 화산, 올림포스몬스는 화성에 있어요. 지구에서 가장 높은 산인 에베레스트 산(8,848미터)보다 무려 3배는 높은 산이라니 놀랍지 않나요?

에베레스트 산보다 무려 3배는 높다고.

'어느 날, 거대한 올림포스몬스가 폭발이라도 한다면……' 생각만 해도 끔찍하다고요? 하지만 걱정할 필요는 없어요. 올림포스몬스는 이미 죽은 화산이라 더 이상 폭발하지 않으니까요.

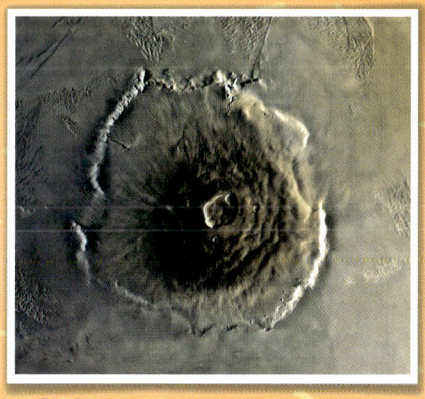

▲올림포스몬스 ⓒNASA

2장 · 신비로운 태양계

화성 탐사 로봇은 어떻게 생겼어요?

'화성 탐사 로봇은 사람처럼 팔다리를 자유롭게 움직이고 마음대로 변신할 수도 있을 거야.'
혹시 화성 탐사 로봇에 대해 이런 상상을 하고 있나요?
아쉽지만 화성 탐사 로봇은 조금 다른 모습이에요.
화성 탐사 로봇 '스피릿'은 여섯 개의 바퀴가 달린 수레 위에 각종 장비를 달아 놓은 아주 단순한 모양을 하고 있어요.
하지만 생긴 모습이 시시하다고 우습게 봐서는 안 돼요.
과학자들의 명령을 받아 화성 사진을 찍고 자료를 수집하는 임무를 충실히 수행하고 있으니 말이에요.

쌍둥이 화성 탐사 로봇
오퍼튜니티는 스피릿의 쌍둥이 화성 탐사 로봇으로, 둘 다 크기와 생김새, 기능이 같아요. 스피릿은 2004년 1월 4일, 오퍼튜니티는 같은 달 24일에 화성에 착륙했지요. 현재 두 로봇 모두 90일 수명을 훌쩍 뛰어 넘었답니다.

▼화성 탐사 로봇, 스피릿

태양계에서 가장 큰 행성은 뭐예요?

행성의 왕이라 불리는 목성이 가장 커요.
대체 얼마나 크냐고요? 우리가 사는 지구와 비교해 보면
지름은 지구의 11배, 부피는 1,300배,
질량은 약 318배나 된답니다. 옛날부터 사람들은
이렇게 거대한 행성인 목성을 '주피터'라고 불렀어요.
주피터는 신들의 왕, 제우스의 또 다른 이름이지요.
목성에는 희미해서 잘 띄지 않는 고리가 있으며,
지구의 달과 같은 위성이 60여 개나 있답니다.

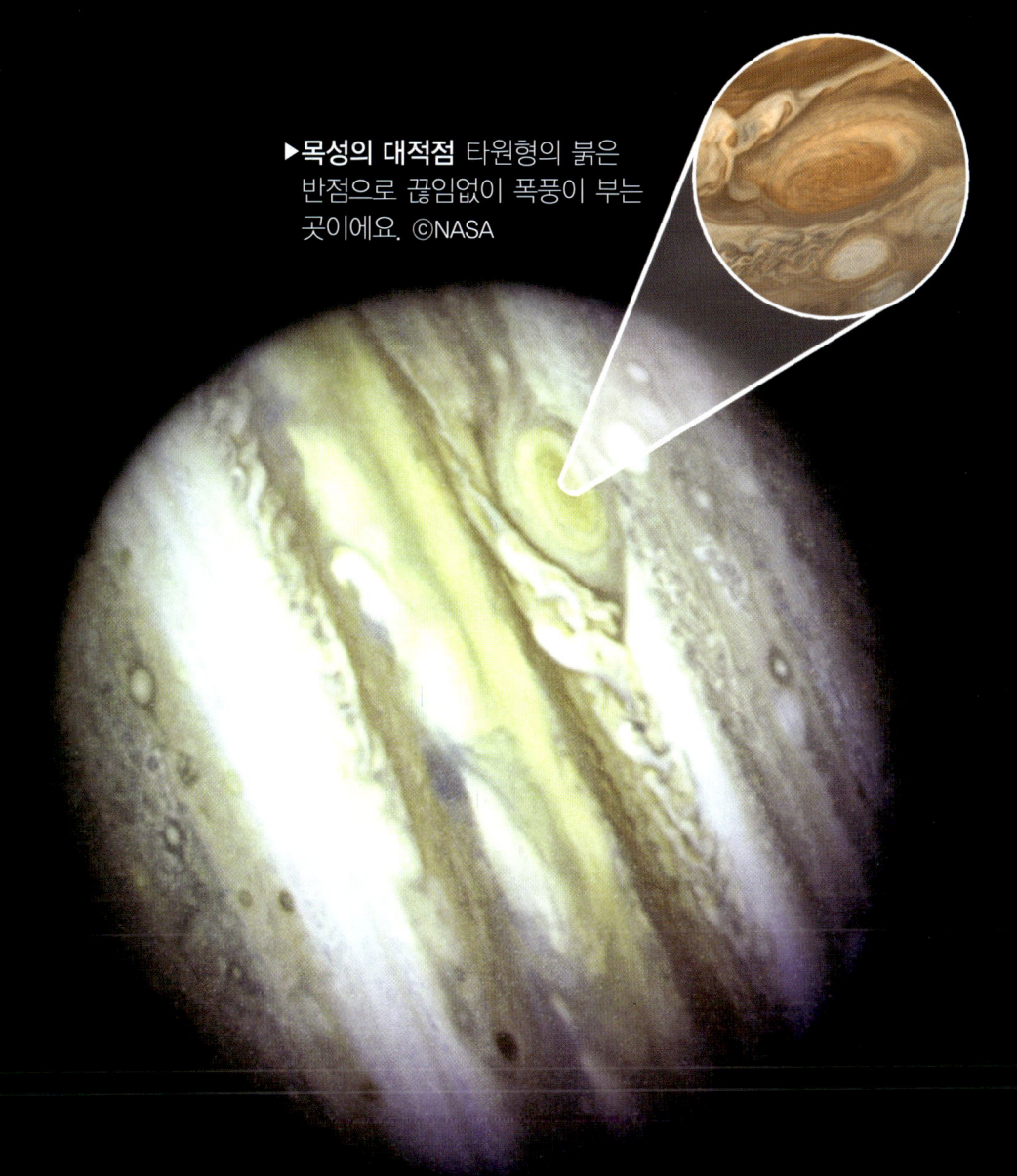

▶**목성의 대적점** 타원형의 붉은 반점으로 끊임없이 폭풍이 부는 곳이에요. ⓒNASA

목성 Jupiter

반지름 약 71,492km
질 량 지구의 약 318배
특징 태양계에서 가장 큰 행성으로 자전 속도가 빨라 줄무늬가 생긴다.

2장 · 신비로운 태양계

토성의 고리는 무엇으로 이루어져 있어요?

1610년 어느 깊은 밤, 망원경으로 하늘을 관찰하던 갈릴레이는 이렇게 외쳤어요.
"토성에 손잡이가 있다! 마치 컵에 붙은 손잡이 같아. 가만, 저걸 '토성의 귀'라고 부를까?"
그 후 1659년, 네덜란드의 천문학자 호이겐스는 '토성의 귀'에 대해 새로운 사실을 밝혀냈지요.
"저건 갈릴레이가 말한 것처럼 손잡이나 귀가 아닌 고리야. 토성은 얇고 평평한 고리를 가지고 있어."
실제로 토성은 수천 개의 고리를 가지고 있어요. 이 고리들은 제각각 크고 작은 얼음 조각들로 이루어져 있답니다.

토성 Saturn
반지름 약 60,000km
질 량 지구의 약 95배
특징 목성 다음으로 큰 행성으로 여러 개의 고리에 둘러싸여 있다.

▲ 토성의 고리 ⓒNASA

▲ 토성의 변화 ⓒNASA

ⓒNASA

토성이 물에 둥둥 뜬다고요?

커다란 행성이 어떻게 물에 뜨는지 이상하다고요?
하지만 사실이에요. 만약 토성보다 더 큰 바다가 있다면
토성은 분명 바다 위에 둥둥 뜰 거예요.
왜냐하면 토성의 커다란 몸집은 대부분 기체와 액체로
이루어져 있기 때문이에요. 토성은 지구보다 750배나
크지만 무게는 덩치에 비해 매우 적게 나가기 때문에
물에 뜰 수 있답니다.

2장 · 신비로운 태양계

천왕성은 왜 누워서 태양 주위를 돌아요?

태양계의 행성들은 마치 발레리나가 서서
빙그르르 돌 듯 돌고 있어요.
하지만 태양계의 일곱 번째 행성인 천왕성은
바닥에 누워서 뒹굴 듯이 돌고 있지요.
*자전축이 98도나 기울어진 채 태양 주위를
돌기 때문이에요.
어떤 과학자는 오랜 옛날 커다란 물체와 부딪힌 후
기울어졌을 거라고 주장하고 있어요.
천왕성은 목성과 토성처럼 고리를 가지고 있지만,
색이 어두워서 잘 안 보여요. 지금까지 발견된
천왕성의 고리는 11개예요.

천왕성은 영국의 천문학자 윌리엄 허셜이
직접 만든 망원경으로 1781년에 처음 발견했어요.

***자전축:** 행성이 스스로 도는 중심 선

천왕성 Uranus
반지름 약 25,600km
질 량 지구의 약 14.56배
특 징 자전축이 98도 기울어진 채 자전하며 태양 주위를 공전한다.

태양에서 가장 먼 행성은 뭐예요?

2장 · 신비로운 태양계

'푸른 진주'라 불리는 해왕성이에요. 해왕성이 푸르게 빛나는 것을 보니, 지구보다 더 많은 물이 있을 것 같다고요? 이 푸른 빛깔의 비밀은 해왕성을 둘러싼 메탄 구름에 있어요.

원래 태양계에는 9개의 행성이 있었어요. 태양에서 가까운 순서대로 9개 행성의 이름 첫 글자를 따서 '수, 금, 지, 화, 목, 토, 천, 해, 명'이라고 기억하곤 했지요.

그때는 태양계에서 가장 먼 행성이 명왕성이었어요. 하지만 명왕성이 다른 행성들에 비해 크기도 작고, 태양 주위를 도는 궤도가 다른 행성들과 달라 2006년, 국제천문연맹에서 명왕성을 태양계 행성에서 뺐답니다.

> **해왕성**에는 지구에서 가장 빠른 회오리바람보다 더 강력한 강풍이 매일 분다고 해요.
> 그리고 해왕성에서도 고리가 발견되었어요.

©NASA

해왕성 Neptune

반지름 약 24,764km
질　량 지구의 약 17.239배

특징 태양계 마지막 행성으로
메탄 구름 때문에 푸른빛을 띤다.

2장 · 신비로운 태양계

행성의 이름은 어떻게 지었어요?

월화수목금토일, 우리는 일주일을 이렇게 불러요.
그런데 요일의 이름은 어떻게 붙여졌을까요?
아주 옛날 사람들은 밤하늘을 관찰하기 좋아했어요.
망원경이 발달하기 전까지 사람들이 맨눈으로
볼 수 있는 것은 수성과 금성, 화성, 목성, 토성이었어요.
옛날 사람들은 이러한 천체들이 지구를 중심으로
돌고 있다고 생각했지요. 요일의 이름은 바로 여기서
나온 거예요. 맨눈으로 볼 수 있는 5개의 천체에
태양(일)과 달(월)을 보태어 일주일이
완성됐지요.

3장 반짝반짝 별 이야기

3장 · 반짝반짝 별 이야기

별은 어떻게 태어나요?

우주 한쪽에서 아름다운 별이 태어나요.
또 어딘가에서는 별이 죽기도 하지요. 별도 사람처럼
수명이 있답니다. 별은 기체와 먼지로 이루어진
성운이라는 구름에서 태어나요. 성운에서 온도가
매우 낮은 입자들은 서로 달라붙어 있답니다. 추운 곳에서
서로 꼭 껴안고 있으면 따뜻해지는 것처럼 말이에요.
그런데 입자들이 너무 꼭 껴안아서 많이 빽빽해지면
온도가 점점 달아오르기 시작해요.
그 온도가 1,000만 도를 넘으면 별이 태어난답니다.

▲말머리성운 ⓒNASA

▲장미성운 ⓒNASA

▼독수리성운 ⓒNASA

3장 · 반짝반짝 별 이야기

낮에는 왜 별이 안 보여요?

낮에 맨눈으로 별을 보기는 매우 힘들어요.
별은 밤에 잘 보이지요. 낮에는 별이
어디로 숨냐고요?

별은 낮이나 밤이나 늘 그 자리에 떠 있어요.
낮에 별이 보이지 않는 것은 햇빛 때문이에요.
태양 빛이 너무 밝아 별빛이 가려지니까
별을 볼 수 없는 거랍니다.

> 천문대에 가면 낮에도 별을 볼 수 있어요.
> 커다란 **천체망원경**으로 별빛을 모아 보면
> 대낮에도 별을 볼 수 있답니다.

별의 밝기가 저마다 달라요?

"저 별은 무척 밝게 빛나는군. 2등급을 달아 줘야겠어."
그리스 천문학자 히파르코스는 매일 밤마다 별을 관찰하며
등급을 매겼어요. 가장 밝게 빛나는 별은 1등성,
가장 어두운 별은 6등성, 이렇게 별의 밝기에 따라
6단계로 나누었지요.
지금은 더 여러 단계로 나눈답니다.
1등성보다 밝은 별에는 1보다 더 작은 숫자들을,
6등성보다 어두운 별에는 6보다 더 큰 숫자들을 매겼어요.

별의 밝기도 다 제각각이야.

3장 · 반짝반짝 별 이야기

별은 왜 반짝거려요?

반짝반짝 빛나는 별은 밤하늘 보석처럼 아름다워요.
그러나 별은 실제로 반짝거리지 않아요.
별빛이 지구 공기층을 지나오면서 흔들려 보이는 거예요.
지구의 공기층은 계속 움직이고 있어요.
이때 지구를 향해 곧게 뻗어 오던 별빛이
움직이는 공기층을 지나면서 흔들리게 돼요.
그 모습이 우리 눈에는 반짝반짝 깜빡이는 것처럼
보이지요. 만약 공기층이 없는 우주에서 별을 본다면
별은 전혀 반짝이지 않고 하나의 밝은 점으로만
보인답니다.

3장 · 반짝반짝 별 이야기

별에도 색깔이 있어요?

'저 별은 푸른빛, 저 별은 노란빛,
저기 저 별은 붉은빛…….'
맨눈으로 쉽게 구별할 수는 없지만 자세히 살펴보면
별은 저마다 다양한 빛깔을 내며 반짝여요.
별의 색깔은 나이에 따라 달라요.
태어난 지 얼마 안 된 별은 푸른색을 띠고, 온도는
수만 도에 이를 만큼 무척 뜨거워요. 청년기의 별은
노란색을 띠고 표면 온도가 푸른색 별보다 적은
6천 도에서 1만 도 사이예요. 그리고 죽음을 앞둔
노년기의 별은 붉은색을 띠며, 3천 도로 다른 별에 비해
매우 낮아요.

난 태어난 지 얼마 안된 아기별이야.

3장 · 반짝반짝 별 이야기

지구에서 가장 가까운 별은 뭐예요?

'반짝반짝 작은 별, 아름답게 비추네.'
노래 가사에서처럼 별이라는 이름표를 달려면
스스로 빛을 내야 해요.
태양이나 밤하늘의 수많은 별들처럼 말이에요.
그런데 밤하늘을 보면 금성도 환하게 빛을 내요.
그럼 금성도 별이냐고요? 금성은 행성이에요.
금성이 빛을 내는 것은 햇빛을 반사해 내는 빛일 뿐
스스로 빛을 내지는 못하지요. 그래서 지구에서
가장 가까운 별은 태양이에요.

3장 · 반짝반짝 별 이야기

별이 하늘에서 떨어져요?

"오! 저기 하늘에서 별똥별이 떨어진다!
정말 아름다워!"
밤하늘에 꼬리를 그리며 떨어지는 별똥별은
별이 떨어지는 게 아니라 유성이 떨어지는 거예요.
우주에는 혜성이나 소행성에서 떨어져 나온
암석 조각들이 떠돌아다녀요.
이 암석 조각들이 지구가 잡아당기는 힘(중력)에 이끌려
지구 가까이 다가오지요. 지구에 끌려들어 온 암석은
공기층을 지나면서 불타기 때문에 빛을 내며 떨어져요.
이것이 바로 별똥별이라 부르는 유성이에요.

> 암석이 다 타서 없어지지 않고 땅이나 바다에
> 떨어진 것을 운석이라고 하지요.

▼페르세우스자리 유성

3장 · 반짝반짝 별 이야기

별도 친구를 사귈까요?

별들은 나이가 비슷한 별끼리 함께 모여 살아요.
"우리는 오래 사귄 할아버지 친구 별!"
"우리는 사이좋은 어린 친구 별!"
하나의 성운에서 태어날 때부터 함께 사는 별무리가 있는가 하면, 나중에 태어난 별끼리 모여 사는 별무리가 있지요. 이렇게 함께 모여 사는 별 무리를 성단이라고 해요.

> 100억 살이 넘는 할아버지 별 무리를 **구상성단**, 수천만 살 정도의 어린 별 무리를 **산개성단**이라고 해요.

3장 · 반짝반짝 별 이야기

은하가 뭐예요?

은하는 별 무리(성단)예요. 천문학자들은 우주에
1조 개가 넘는 은하가 있을 거라고 말하고 있어요.
수많은 은하에는 그 모양에 따라 이름이 붙여졌어요.
가운데에서 소용돌이치며 뻗어 나가는
나선 모양의 나선은하, 타원이나 공처럼 평평한
원반 모양을 한 타원은하, 특별한 모양이 없는
불규칙은하 등이 있지요.
태양계가 있는 우리은하는 나선은하랍니다.

▲나선은하 ⓒNASA

▲타원은하 ⓒNASA

◀소용돌이은하 ⓒNASA

▲소용돌이은하 ⓒNASA

▲불규칙은하 ⓒNASA

3장 · 반짝반짝 별 이야기

밤하늘에 별빛 강물이 흘러요?

'푸른 하늘 은하수 하얀 쪽배에~.'
맑은 날 밤하늘에 희뿌연 별 무리들을 볼 수 있어요.
옛날 사람들은 별 무리들이 밤하늘에 흐르는 강물처럼
보인다고 해서 은하수라고 불렀지요. 사실 은하수는
우리은하의 수많은 별들이 겹쳐 보이는 거예요.
지구를 포함한 태양계는 우리은하 맨 가장자리에 있어요.
천문학자들은 우리은하에만 천억 개 이상의 별들이
모여 살고 있을 거라고 해요.

▲은하수 ⓒNASA

은하수를 '미리내'라고도 해요.
용을 뜻하는 '미리'와 강을 뜻하는
'내'가 합쳐진 말이에요.
우리 조상들이 은하수를 보고
하늘에 펼쳐진 강에 용이 산다고
생각해 이름 붙였지요.

▲옆에서 본 우리은하 ⓒNASA

▲위에서 본 우리은하 ⓒNASA

3장 · 반짝반짝 별 이야기

별자리는 누가 만들었어요?

"어? 밤하늘에도 양 한 마리가 있네?"
깊은 밤, 양들을 울타리 안으로 넣고 난 뒤, 목동이
밤하늘을 보며 말했어요. 밤하늘에 뜬 별 몇 개를
연결해 보니 정말 양 모양으로 빛을 내고 있었지요.
양자리, 황소자리, 게자리, 사자자리……
목동은 밤마다 별 그림을 그리는 재미에 푹 빠졌답니다.
별자리를 만든 사람은 기원전 3천년 경, 메소포타미아
지방에 살던 목동들이었다고 해요. 그 후로 별자리는
이집트를 거쳐 그리스로 전해졌고 그리스 신화의
이야기 소재로 사용되었답니다.

별도 움직이나요?

지구는 하루에 한 번씩 제자리에서 돌아요.
지구가 서쪽에서 동쪽으로 자전하기 때문에 해는 반대로
동쪽에서 떠서 서쪽으로 지는 것처럼 보이지요.
별도 마찬가지예요. 별은 가만히 있는데 지구가
자전을 하기 때문에 별도 아침저녁으로 뜨고 지는 것처럼
보이지요. 해처럼 별도 우리 눈에는 동쪽에서 서쪽으로
움직이는 것처럼 보이지만 사실은 별이 아니라
지구가 움직여서 그런 것이랍니다.

▲별의 일주 운동

▲별의 일주 운동

3장·반짝반짝 별 이야기

북극성을 보고 어떻게 방향을 알아요?

길을 잃었을 때 사람들은 밤하늘을 바라보며 북극성을 찾아요. 북극성이 뜬 곳이 바로 북쪽을 나타내기 때문이지요. 북극성은 길 잃은 사람에게 나침반 구실을 톡톡히 해 주어요. 북극성은 지구가 스스로 도는 중심선(자전축)의 바로 위에 있어요. 때문에 지구가 자전해도 북극성은 항상 제자리에 있는 것처럼 보이지요.

3장 · 반짝반짝 별 이야기

오로라가 뭐예요?

'우와! 하늘에 레이저 쇼가 펼쳐진다고 해도 이보다 아름다울 순 없어!'
남극과 북극의 밤하늘에 초록·빨강·노랑·파랑·보라 빛을 띠며 오로라가 아름답게 펼쳐져요.
'극광'이라고도 부르지요.
오로라는 태양과 공기가 서로 부딪혀 만들어지는 화려하고 신비로운 현상이에요.

▲ 오로라 ©NASA

4장 신나는 우주 탐험

우주 개발은 어떻게 시작됐어요?

과학이 발달하면서 사람들은 우주에도 관심이 많아졌어요. 우주를 먼저 개발하는 것이 나라를 더욱 강하게 하는 힘이라고 믿었거든요.
처음 우주에 관심이 많았던 나라는 독일이에요. 1934년에 세계 최초로 우주센터를 짓고 로켓까지 만들었지요. 하지만 제2차 세계대전에서 진 후, 옛 소련이 독일의 우주센터를 차지하려고 했어요.

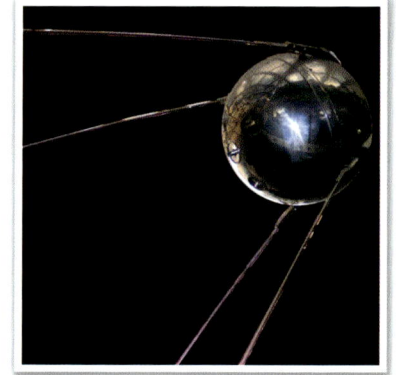

▲스푸트니크 1호
ⓒNASA

소련이 개발한 인공위성 발사, 성공!

▲익스플로러 1호
미국이 최초로 쏘아 올린
인공위성 ⓒNASA

 그런데 옛 소련 과학자들이 독일에 도착했을 때 이미 모든 자료가 미국으로 넘어간 후였지요. 옛 소련은 연구와 실험을 멈추지 않고, 마침내 세계 최초의 인공위성 스푸트니크 1호를 우주로 쏘아 올렸답니다.

4장 · 신나는 우주 탐험

인공위성은 어떤 일을 해요?

위성은 행성의 중력 때문에 행성 둘레를 도는 천체예요. 인공위성은 말 그대로 사람이 인공적으로 만든 위성이지요. 인공위성은 텔레비전 중계, 휴대 전화, 인터넷 등 통신에 필요한 통신위성이 대부분이에요. 그 밖에도 지구를 도는 인공위성은 저마다 특별하고 중요한 임무를 가졌답니다.

난 항법위성이야. 배와 비행기가 안전하게 운항하도록 길을 안내해.

4장 · 신나는 우주 탐험

우리나라도 인공위성이 있어요?

"셋, 둘, 하나, 발사!"
1992년 8월 11일 남아메리카 기아나 쿠루 기지에서
우리나라의 첫 인공위성인 '우리별 1호'가 발사되었어요.
세계에서 스물두 번째로 위성을 가진 나라가 되었지요.
우리별 1호는 과학 실험을 하는 소형 위성이에요.
그 후 우리별 1호를 뒤잇는 우리별 2호와 3호, 무궁화 위성,
아리랑 위성 등 모두 성공적으로 인공위성을 발사했답니다.

▲무궁화 1호 발사 ⓒKT

▲무궁화 2호 발사 ⓒKT

▲무궁화 5호 발사 ⓒKT

▼아리랑 1호 상상도
ⓒ한국항공우주연구원

▲아리랑 2호 상상도 ⓒ한국항공우주연구원

4장 · 신나는 우주 탐험

천문대는 왜 산꼭대기에 있을까요?

우주에서는 늘 많은 빛이 지구로 쏟아져요.
천문학자들은 그 빛을 모아 우주를 연구한답니다.
그렇기 때문에 우주를 연구하려면 빛을 가리는
장애물이 없어야 해요. 또한 공기도 맑아야 하지요.
그래서 많은 천문대들이 높은 건물들과 탁한 공기를 피해
산꼭대기에 있는 거예요.

▼소백산천문대 ⓒ한국천문연구원

▼소백산천문대
천체망원경

4장 · 신나는 우주 탐험

허블우주망원경은 얼마나 성능이 좋아요?

"별이 태어나는 모습을 찍었습니다!"
"이번에 보내는 사진은 멀고 먼 은하의 모습이에요."
별의 탄생과 죽음, 수천 개의 은하, 블랙홀…….
허블우주망원경은 1990년부터 우주를 관찰하며
우리에게 신기하고 놀라운 우주의 모습을
보여 주고 있어요. 아무리 좋은 망원경이라도 지구보다
우주에서 직접 관찰하는 것이 더 나으니까요.
그래서 나사와 유럽 우주국이 함께 허블우주망원경을
개발했어요. 허블우주망원경은 지구에 있는 망원경보다
50배 이상 미세한 부분까지 관찰할 수 있답니다.

> 2013년에는 나이 든 허블우주망원경을 대신해
> **제임스웹우주망원경**이 우주를 관찰할 거예요.

▼ 허블우주망원경 ⓒNASA

4장 · 신나는 우주 탐험

로켓은 얼마나 빨라요?

로켓이 발사되는 순간에는 절대 눈을 깜빡거려서는 안 돼요. 여러분이 눈을 한 번 깜빡이는 약 1초 동안 로켓은 8킬로미터나 날아가고 있을 테니까요.
우주선이 중력을 이기고 우주로 나가려면 큰 힘과 빠른 속력이 필요해요. 바로 그 힘이 로켓에서 나오기 때문에 로켓이 없다면 우주선은 우주로 나갈 수 없지요.
로켓은 연료와 함께 산소를 태워 강한 힘을 내요. 그래서 우주선이 우주에 무사히 도착할 수 있도록 돕는 일을 하지요.

▲우주선을 단 로켓 ⓒNASA

로켓과 추진력
로켓은 우주 공간을 향해 날아가는 비행체를 말해요. 로켓은 물체를 밀어 앞으로 내보내는 추진력이 강해, 꼭대기에 인공위성이나 우주선, 미사일을 실어 힘차게 솟아오른답니다.

▼인공위성을 단 로켓 ©NASA

4장 · 신나는 우주 탐험

우와~! 정말 이게 로켓이에요?

나, 로버트 고다드가 만든 초초의 로켓이지!

로켓은 누가 처음 만들었어요?

옛 소련의 물리학자가 1898년 처음 로켓에 관한 이론을 발표했어요. 그 뒤 실제로 로켓을 발명한 사람은 미국의 로버트 고다드라는 과학자였답니다.
1926년 고다드가 만든 로켓은 약 2.5초 동안 12미터를 날아오른 후 56미터를 비행했어요. 짧은 시간이었지만 최초의 로켓이 하늘로 떠오른 역사적인 일이었지요. 그런데 우리나라 조선시대에도 로켓을 이용한 화살이 있었어요. 바로 신기전이에요. 화살 앞부분에 있는 화약통에 불을 붙이면 로켓처럼 멀리 날아갔답니다.

▲ 고다드가 만든 최초 로켓 ⓒNASA

▲ 신기전 ⓒ전쟁기념관

4장 · 신나는 우주 탐험

어서 우주정거장에 갔다가 다시 지구로 돌아오자고.

우주왕복선은 왜 만들었어요?

'휴~ 한번 로켓을 쏘아 올릴 때마다 돈이 너무 많이 드는군. 우주에 다녀온 로켓을 또 쓸 수만 있다면…….'
인공위성과 우주선을 쏘아 올릴 때 꼭 필요한 로켓을 만들려면 너무나 많은 돈이 필요했어요. 과학자들은 고민 끝에 우주에 여러 번 다녀올 수 있는 우주왕복선을 만들었어요. 우주왕복선은 우주선에 로켓이 달린 거대한 로켓이에요.

▲우주왕복선 디스커버리호
ⓒNASA

커다란 화물칸이 있어 인공위성이나 여러 가지 실험 장치들이 화물칸에 실려요. 우주왕복선 가운데 1984년 첫 비행을 한 디스커버리호는 2000년에 100번째로 우주를 다녀왔답니다.

바쁘다, 바빠! 인공위성도 날라야 하고, 우주인도 데려다줘야 하거든.

4장 · 신나는 우주 탐험

우주선 안은 어떻게 생겼어요?

우리나라 최초의 우주인 이소연 박사는 소유스 우주선 안이 매우 좁고 불편하다고 했어요. 우주로 갈 때는 우주선 안에 있는 작은 캡슐에서 가슴을 하늘로 향한 채 아기처럼 몸을 잔뜩 웅크리고 있어야 하거든요. 우주선 벽면 3분의 1은 *계기판이 차지하고 있어요. 우주인들은 좁은 공간에서 계기판의 단추를 실수로 누르지 않도록 무척 조심해야 하지요. 어떤 단추는 이러한 실수를 막기 위해 단단한 덮개가 씌워져 있기도 해요.

*계기판: 기계의 상태를 알려 주고, 기계를 움직이게 하는 단추들이 달린 판

우주복은 왜 입어요?

우주는 지구와 환경이 많이 달라요. 햇빛이 비치면 사막보다 뜨겁고, 빛이 없으면 남극보다 추워요. 그래서 우주 비행사가 우주선 밖으로 나갈 때는 꼭 우주복을 입어야 해요. 우주복 등에는 온도를 조절하고 산소를 보내는 생명유지장치 배낭이 달려 있어요. 헬멧에는 금빛 가리개가 붙어 있어 태양 빛으로부터 눈을 보호하지요. 또 차가운 물이 흐르는 호스가 우주복 전체를 돌며 열을 내려 주지요. 이렇게 많은 장치들이 연결되어 있어 무게가 100킬로그램도 넘는답니다.

◀ **평상복을 입은 이소연 박사**
우주선 안에서는 우주복을 벗고 평상복을 입어요.
ⓒ한국항공우주연구원

우주에서는 어떻게 얘기를 해요?

우리가 소리를 들을 수 있는 것은 공기 때문이에요. 하지만 우주 공간에는 공기가 없기 때문에 소리를 들을 수 없어요. 그래서 우주인끼리 얘기를 할 땐 우주복에 붙어 있는 마이크에 대고 말하고 이어폰으로 듣지요.

들려? 우주에서는 이렇게 통신 마스크로 대화를 할 수 있다고!

다행히 우주정거장 안은 공기가 가득 차 있기 때문에 얼마든지 얘기할 수 있어요. 심지어 우주정거장은 수많은 기계들이 하루 종일 돌아가기 때문에 시끄럽답니다. 그래서 우주인은 잘 때 귀마개를 하고 자야 해요.

우주에서는 왜 헤엄치듯 다녀요?

'우주에도 수영장이 있나?'
혹시 우주인들이 우주에서 헤엄치는 것을 보며 이런 생각을 한 친구들이 있나요? 우주 공간에 중력이 없기 때문에 헤엄치듯 둥둥 떠다니게 돼요. 그러다 보니 불편한 게 한두 가지가 아니에요.

우주정거장 안에서도 마찬가지예요.
한곳에 가만히 서 있을 수 없는데다
몸이 마음대로 움직이지 않기 때문에
여기저기에 자꾸 부딪치지요. 그래서
우주정거장 곳곳에는 몸을 고정시키기 위해
발을 끼우는 고리가 있어요. 벽에는
이동하기 편하도록 손잡이가 달려 있지요.

우주정거장 벽과 물건에는 **벨크로**(찍찍이)가
붙어 있어서 물건이 날아다니지 않도록 붙여 놓지요.

여긴 우주 공간~!
중력이 없어서
이렇게 헤엄치듯
움직이지.

4장 · 신나는 우주 탐험

국제우주정거장을 왜 만들었어요?

우리 머리 위, 약 380킬로미터쯤 되는 높이에서 국제우주정거장(ISS)이 지구를 빙글빙글 돌고 있어요. 국제우주정거장은 90분만에 지구 한바퀴를 돌만큼 아주 빠른 속도로 지구 주위를 돌고 있답니다. 2011년에 완공된 국제우주정거장은 더 먼 우주로 나아가기 위한 징검다리와 같아요. 넓고 넓은 우주를 탐사하려면 연료와 식량 등 여러 가지 문제가 생기지요. 그럴 때마다 일일이 지구를 오가는 것은 쉽지 않은 일이에요. 그래서 세계 여러 나라가 함께 모여 우주에서 생활하며 실험할 수 있는 우주정거장을 만든 거예요.

우주정거장의 역사
지금까지 러시아의 살류트와 미르, 미국의 스카이랩과 같은 우주정거장이 개발되었으나, 현재는 국제우주정거장만 유일하게 사용하고 있지요.

우주선에서 화장실에 가고 싶으면 어떻게 해요?

예전엔 우주선 안에 화장실이 없었어요. 오줌이나 똥이 마려우면 그냥 우주복에 싸야 했지요. 하지만 이젠 걱정하지 마세요. 우주왕복선에 화장실이 생겼거든요. 그런데 우리가 사용하는 화장실과 달라서 우주에 나가기 전에 사용법을 연습해야 해요. 양변기에 몸을 꼭 묶고 볼일을 보면 공기가 똥, 오줌을 쑥 빨아들여요. 오줌은 우주로 버려져 얼음 알갱이가 되고, 똥은 얼려졌다가 공기층을 통과할 때 생기는 열에 타 버린답니다.

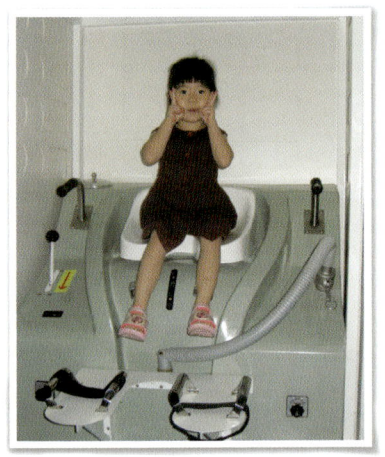
▲우주 화장실을 체험하는 어린이

4장 · 신나는 우주 탐험

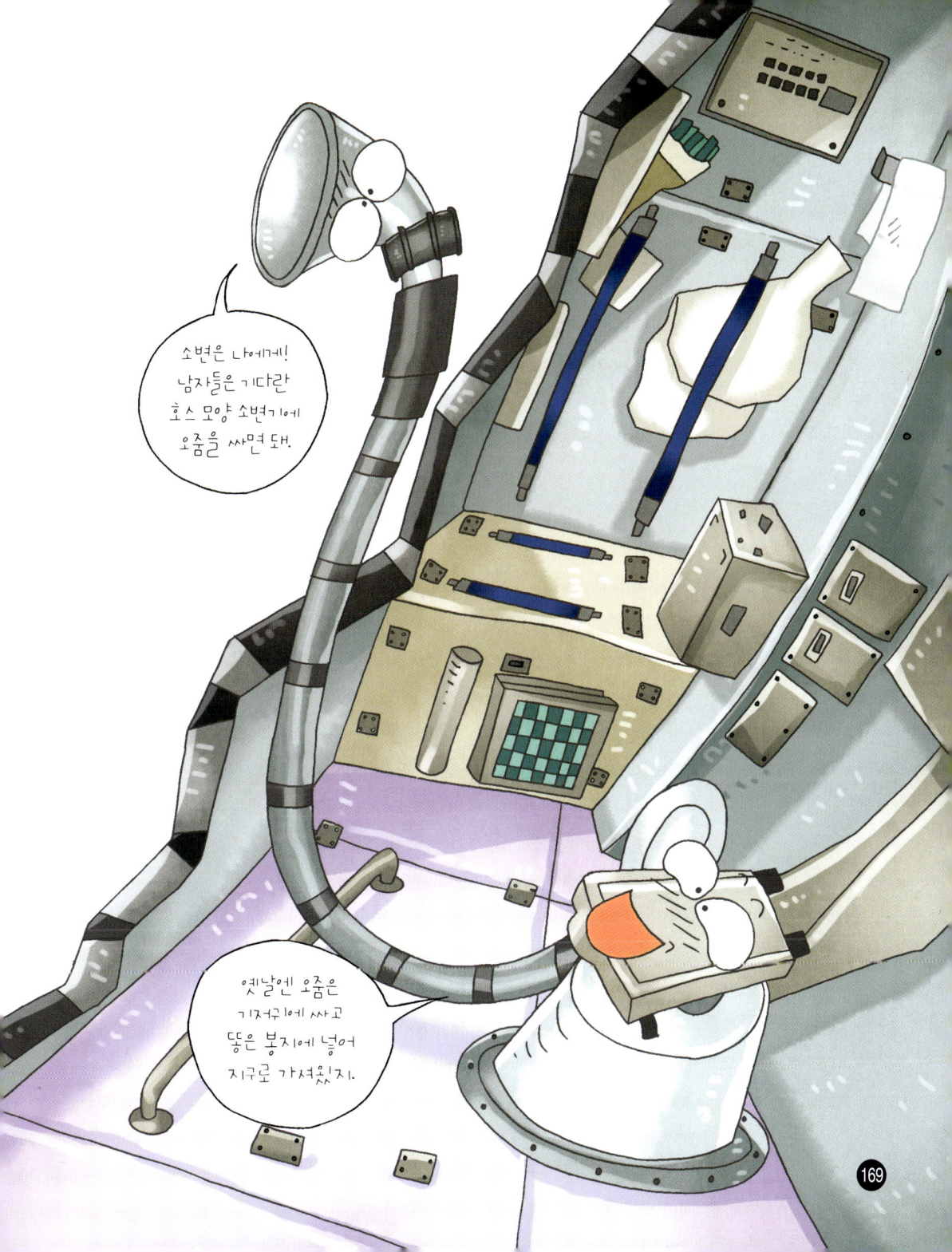

4장 · 신나는 우주 탐험

◀우주인 식량
ⓒ한국항공우주연구원

우주인은 어떤 음식을 먹어요?

"피자 배달 왔습니다."
미국의 한 유명 피자 회사에서 광고를 위해 국제우주정거장에 피자를 배달했어요. 우주에서도 마음껏 피자를 배달해서 먹을 수 있다면 얼마나 좋을까요? 하지만 아직 우주에서 먹을 수 있는 음식은 마른 건조식품이에요. 냉장고가 없기 때문에 그냥 두어도 음식이 변하지 않도록 살균해야 하지요. 2008년, 우리나라 최초 우주인 이소연 박사는 밥, 볶음 김치, 고추장, 된장 등 10가지 우리 식품을 우주에 가져갔답니다.

◀우주인 이소연 박사, 우주에서의 식사
ⓒ한국항공우주연구원

우주인은 어떻게 잠을 자요?

지구에서는 중력이 있기 때문에 편하게 누워서 잘 수 있어요. 하지만 우주선 안에서는 항상 몸이 둥둥 떠다니지요. 그래서 1인용 침실이나 벽에 붙어 있는 침낭에 들어가 온몸을 고정시켜야 잠들 수 있어요. 우주에서는 늘 태양 빛을 받기 때문에 낮과 밤이 따로 없어요. 미리 정한 시간에 잠을 자고 눈을 보호하기 위해 안대를 쓴답니다.

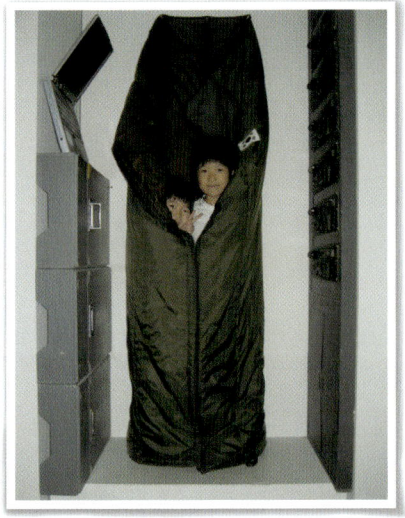
▲우주 침낭을 체험하는 어린이들

우주에서도 샤워를 할 수 있어요?

우주선에는 샤워장이 없어 샤워할 수 없지만, 우주정거장에는 둥근 통으로 만든 샤워장이 있어서 가능해요. 우주정거장 안에는 중력이 거의 없기 때문에 물방울이 공중에 둥둥 떠다니거든요. 만약 이 물방울이 기계에 들어가면 고장을 일으킬 수도 있어요. 그래서 우주인들은 샤워를 한 뒤 반드시 진공 장치로 물기를 다 빨아들이고서야 밖으로 나올 수 있답니다.

> **우주인이 세수와 양치질**
> 먼저 몸을 고정시키고 세면 도구를 벽에 붙여요. 손과 얼굴은 젖은 수건으로 닦아 내요. 양치질 후 나온 거품은 휴지에 뱉고 입안에 남은 거품은 거즈로 닦아 내지요.

우주인들은 어떤 훈련을 받아요?

중력이 없는 우주로 날아가면 우리 몸은 많은 변화를 느껴요. 산소가 모자라거나 생각도 못한 상황이 닥칠 수 있어요. 그래서 우주인들은 위기 상황들을 이겨내는 힘든 훈련을 받는답니다.
먼저, 우주선이 뜨고 내릴 때 엄청난 속도를 견디기 위해 '중력 가속도 훈련'을 받아요.
무중력 상태인 우주 생활을 위해 '무중력 훈련'도 받지요.

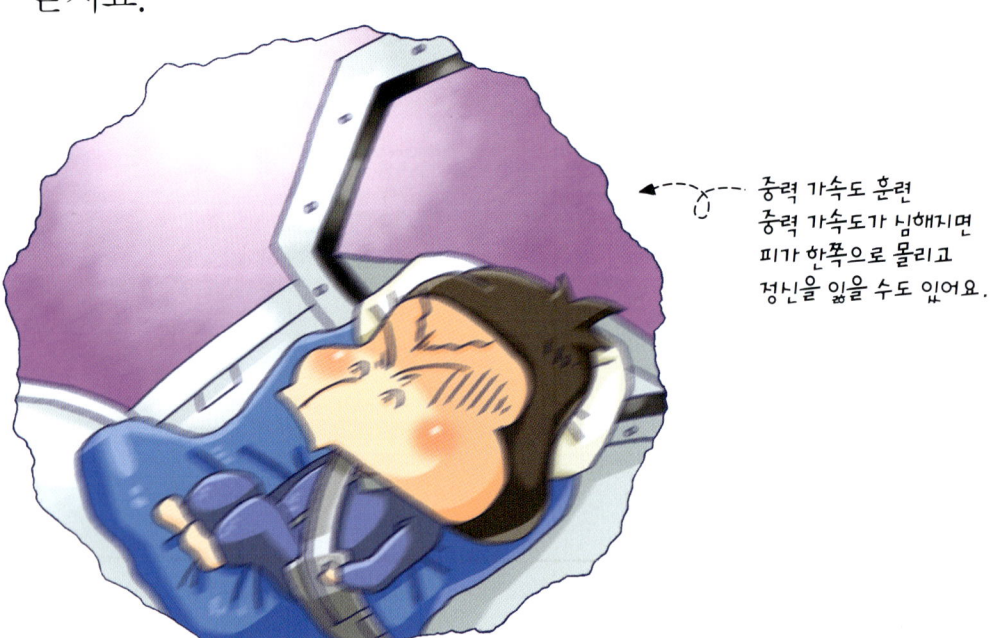

중력 가속도 훈련
중력 가속도가 심해지면 피가 한쪽으로 몰리고 정신을 잃을 수도 있어요.

물속에서 무중력 상태에 익숙해지고, 무중력 상태의 비행기에서 미리 우주선을 체험해요. 또 지구로 돌아올 때 우주선이 바다나 산에 잘못 떨어질 때를 대비해 '생존 훈련'을 받아요.

▲수중 훈련 ⓒ한국항공우주연구원

▲무중력 훈련 ⓒ한국항공우주연구원

생존 훈련

나사는 어떤 일을 해요?

나사(NASA)는 미국항공우주국을 말해요.
나사는 우주를 연구하는 본부로, 미국의 항공과
우주 개발을 맡아 하지요.
인공위성을 관측하고, 우주왕복선을 개발하고,
우주탐사선과 우주망원경이 보내는 자료를 살피지요.
우리나라의 경우, 한국항공우주연구원에서 우리의
항공과 우주 개발을 맡아 한답니다.
미국뿐 아니라 다른 나라에도 우주를 연구하는
본부가 있어요. 러시아항공우주국(RASA),
캐나다항공우주국(CSA), 프랑스항공우주국(CNSA),
유럽항공우주국(ESA) 등이 있지요.
그중에서도 나사가 가장 유명한 것은 우주 개발
성과가 가장 높기 때문이에요.

▲**허블우주망원경** 미국과 유럽을 중심으로 개발한 우주망원경으로, 지구상에 설치된 망원경보다 50배 이상 자세히 관찰할 수 있다. ⓒNASA

▲**달 착륙** 나사에서 쏘아 올린 아폴로 11호가 1969년 세계 최초로 달에 착륙했다. ⓒNASA

▼**국제우주정거장** 미국항공우주국을 주축으로 가장 큰 우주정거장을 만들었다. ⓒNASA

우주센터는 왜 초원이나 섬에 세워요?

우리나라 최초 우주인 이소연을 태운 소유스 호가 발사된 바이코누르 기지는 러시아 카자흐스탄의 넓은 초원 한가운데 있지요. 우리나라 우주센터인 나로 우주센터는 전남 고흥의 외나로도라는 섬에 있어요. 이렇게 우주센터는 드넓은 초원이나 사막, 넓은 바다 가까운 곳에 세워져요.

그래야 사람들에게 피해를 주지 않거든요.
만약 로켓의 연료통이 사람들
사는 곳으로 떨어지면 큰일이니까요.

▲나로 우주센터 조감도 ⓒ한국항공우주연구원

우주센터는 로켓과 같은 발사체를 이용해 우주로 인공위성이나 우주선을 쏘아 올리는 발사장을 말해요.

4장 · 신나는 우주 탐험

우리나라 초초 우주 발사체는 뭐예요?

2013년 1월 30일 오후 4시, 대한민국의 첫 우주 발사체가 발사되어 성공적으로 우주궤도에 진입했어요. 발사체의 이름은 외나로도에 있는 나로우주센터의 이름을 딴 나로호랍니다.

나로호는 2단형 발사체로, 1단은 러시아가 개발하고 2단은 우리나라가 개발하였어요. 우리나라가 개발한 과학기술위성을 싣고 힘차게 쏘아 올려졌지요.

이로써 우리나라는 우주센터, 인공위성, 발사체를 갖추게 되어 당당히 스페이스 클럽의 가입국이 되었답니다.

앞으로 우리나라의 기술로 만든 로켓, 위성, 우주왕복선이 우주를 향해 멋지게 날아갈 날을 기대해요.

> **나로호**가 발사된 **나로우주센터**는 세계에서 열 세 번째 세워진 우주센터예요. 발사대, 발사통제센터, 레이더, 통신기지, 우주 체험관 등 많은 시설이 갖춰져 있지요.

▼나로호 발사 장면 ⓒ한국항공우주연구원

어린이 과학백과 시리즈
초등 교과 연계표

책 명	학년-학기	교 과	단 원
인체백과	6-2	과학	4. 우리 몸의 구조와 기능
곤충백과	3-1	과학	3. 동물의 한살이
	5-1	과학	5. 다양한 생물과 우리 생활
로봇백과	3-1	국어	2. 문단의 짜임
	3-1	과학	2. 물질의 생성
동물백과	3-1	과학	3. 동물의 한살이
	3-2	과학	2. 동물의 생활
	5-1	과학	5. 다양한 생물과 우리 생활
호기심백과	3-1	과학	5. 지구의 모습
	5-2	과학	1. 날씨와 우리 생활
바다해저백과	3-1	과학	5. 지구의 모습
	3-2	과학	2. 동물의 생활
공룡백과	3-2	과학	2. 동물의 생활
	4-1	과학	2. 지층과 화석
전통과학백과	3-1	과학	2. 물질의 생성
	3-2	사회	2. 시대마다 다른 삶의 모습
우주백과	3-1	과학	5. 지구의 모습
	5-1	과학	3. 태양계와 별
장수풍뎅이 사슴벌레백과	3-1	과학	3. 동물의 한살이
파충류백과	3-1	과학	3. 동물의 한살이
	3-2	과학	2. 동물의 생활
	5-1	과학	5. 다양한 생물과 우리 생활
벌레잡이·희귀 식물백과	4-1	과학	3. 식물의 한살이
	4-2	과학	1. 식물의 생활
세계 최고·최초백과	3-1	과학	5. 지구의 모습
	5-1	과학	3. 태양계와 별
	6-2	사회	3. 세계 여러 지역의 자연과 문화
발명백과	3-1	과학	2. 물질의 생성
	4-2	과학	3. 그림자와 거울
드론백과	3-1	과학	2. 물질의 생성
	5-2	과학	3. 물체의 빠르기
인공지능백과	4-1	과학	1. 과학자처럼 탐구해 볼까요?
	5	실과	6. 생활과 정보
	6	실과	3. 생활과 전기 전자 4. 나의 진로
공상 과학 곤충 도감	3-1	과학	3. 동물의 한살이
	3-2	과학	4. 나의 진로

★ 한눈에 보는 태양계의 행성들

	행성	특징
지구형행성	수성	· 태양에서 가장 가깝다. · 태양계에서 가장 작은 행성이다. · 대기가 없어 밤낮 온도 차가 크며, 표면에 운석구덩이가 많다.
	금성	· 태양계에서 가장 밝은 행성이다. · 이산화탄소로 된 두꺼운 공기층 때문에 온도가 매우 높아 가장 뜨거운 행성이다.
	지구	· 생명체가 살고 있는 유일한 행성이다. · 대기와 바다가 있어 지구의 온도를 일정하게 유지해 준다.
	화성	· 지구와 가장 가까운 행성으로, 지구와 가장 비슷한 조건을 가지고 있다. · 산화철 성분 때문에 붉게 보인다. · 태양계 최대인 올림포스몬스 화산이 있다.
목성형행성	목성	· 태양계에서 가장 큰 행성이다. · 주로 먼지로 이뤄진 희미한 고리가 있다. · 타원형의 붉은 반점으로 끊임없이 폭풍이 부는 '대적점'이 있다.
	토성	· 얼음, 먼지, 암석으로 이뤄진 두꺼운 고리가 있다. · 태양계에서 두 번째로 큰 행성이다.
	천왕성	· 자전축이 98도 기울어진 채 자전한다. · 목성, 토성처럼 고리를 가지고 있다. · 다른 행성들과 달리 옆으로 누운 듯한 모습으로 태양 주위를 공전한다.
	해왕성	· 얇은 고리를 가지고 있다. · 태양에서 가장 먼 행성이다. · 메탄 구름 때문에 푸르게 보인다.

*지구형행성과 목성형행성은 질량, 반지름, 밀도, 위성 수, 자전주기, 구성 물질 등 물리적 성질에 따라 구분된다.